KB149397

코로나 이후의
교육을 말하다

코로나 이후의 교육을 말하다

관계, 본질, 변화

초판 1쇄 펴낸날 | 2021년 6월 30일

지은이 | 김용·곽덕주·김민성·이승은
펴낸이 | 류수노
펴낸곳 | (사)한국방송통신대학교출판문화원
　　　　03088 서울시 종로구 이화장길 54
　　　　대표전화 1644-1232
　　　　팩스 02-741-4570
　　　　홈페이지 http://press.knou.ac.kr
　　　　출판등록 1982년 6월 7일 제1-491호

출판위원장 | 이기재
기획·책임편집 | 이두희
본문 디자인 | 티디디자인
표지 디자인 | 최원혁

ⓒ 김용·곽덕주·김민성·이승은, 2021
ISBN 978-89-20-04060-3 03370

값 16,000원

▪ 잘못 만들어진 책은 바꾸어 드립니다.
▪ 이 책의 내용에 대한 무단 복제 및 전재를 금하며, 저자와 (사)한국방송통신대학교출판문화원의 허락 없이는
　어떠한 방식으로든 2차적 저작물을 출판하거나 유포할 수 없습니다.

코로나 이후의 교육을 말하다

김 용 · 곽덕주 · 김민성 · 이승은 공저

관계

본질

변화

지식의날개

일러두기

1. 이 책에서는 코로나바이러스감염증-19(COVID-19)를 코로나19를 원칙으로, 때로는 코로나만으로 표기하였습니다.

2. 이 책은 별도의 〈찾아보기〉를 만들지 않았습니다. 각 장의 주제가 명확한 만큼, 해당하는 장을 찾아서 읽으면 됩니다.

3. 이 책의 앞뒤 면지에 쓰인 노란색상은 팬톤에서 발표한 올해의 컬러(일루미네이팅)를 차용하였습니다. 코로나19의 극복을 기원하는 희망을 상징합니다. 본문에 사용한 색상은 2020년 올해의 컬러(클래식블루)입니다. 이 책이 코로나19가 광범위하게 퍼진 2020년의 상황을 서술하고 있다는 것의 은유입니다.

코로나19는 인류가 21세기 들어 맞이한 가장 큰 사변事變 중 하나일 것입니다. 흔히 사변을 전후하여 많은 것이 바뀐다고들 합니다. 코로나19를 기점으로 세계와 우리의 삶이 과거와는 사뭇 다른 양상을 띨 것이라는 전망이 무수히 제기되고 있습니다. 교육도 예외가 아닐 것입니다.

새로운 것은 기대를 불러일으키기도 하지만, 새로움의 불확실성으로 인하여 두려움에 휩싸이기 쉬운 것도 사실입니다. 코로나19 이후의 교육에 관한 논의는 기대보다는 두려움과 더 잘 어울리는 면이 있습니다. 감염이 확산하여 학교에 가지 않고 교육을 받아야 하는 상황이 된다면, 아이들은 친구를 만나지 못하는 일상을 또다시 감내해야 합니다. 교사들의 두려움은 더

클 수 있습니다. 디지털 교육 매체가 교실에 깊이 들어오게 되면서, 인공지능 로봇이 교사를 대체할 수도 있을 것이라는 전망은 더 이상 소설 속에만 갇힌 이야기가 아닙니다. 나아가 학교의 존재에 대한 심각한 우려가 존재합니다. 학교 무용론, 대학 무용론이 시나브로 확산하고 있는 것 같기도 합니다.

미래는 다가오는 것이지만, 만들어 가는 것이기도 합니다. 코로나19 이후의 교육 역시 마찬가지입니다. 우리가 코로나19라는 경험을 통해서 무엇을 배우고, 무엇을 시도하는가에 따라 미래교육은 그 모습을 다양하게 바꿀 것입니다. 이 책은 코로나 이후의 교육을 그려 보고자 하는 뜻에서 출발하였습니다.

코로나19를 통해서 새롭게 알게 된 것은 미래교육을 만들어 가는 데 소중한 씨앗이 될 것입니다. 우리는 관계라는 개념에 주목합니다. 본디 교육은 관계적 성격의 일이며, 수업은 교사와 학생이 교육과정을 매개로 다층적으로 대화하는 일과 같습니다. 잠시 잊고 있었지만, 코로나19로 교사와 학생이, 그리고 학생과 학생이 만나지 못하고, 컴퓨터 화면을 통해서만 서로의 얼굴을 확인하게 되자 관계의 소중함이 새삼스레 드러났습니다. '관계 맺기 없이 교육은 성립할 수 없다'는 깨달음은 코로나가 우리에게 전해 준 큰 선물입니다.

우리는 본질에 더 집중해 보고자 합니다. 근본적 변화, 무용과 소멸 등 섬뜩한 어휘가 코로나 이후의 교육을 휘감고 있지만, 교육이라는 일, 그리고 교사라는 존재의 본질을 다시 한번 생각해 봅니다. 코로나19가 발생하고, 학교와 교사들의 대응을 질타하는 목소리도 없지 않았지만, 학교와 교사의 가르침의 소중함을 새삼 깨닫게 된 것도 사실입니다. '가르침에서 배움으로'라는 목소리가 점점 높아지고 있지만, 교사가 학생을 세상과 만나도록 해 주는 그 과정에서 한 사람 한 사람이 자신의 세계를 구성하도록 돕는 일은 계속되어야 합니다. 디지털 공간이 학교를 대체할 것이라는 전망이 제기되기도 하지만, 세대를 초월하여 대화가 이루어지는 공적 장소로서의 학교는 그 의의를 뚜렷이 새길 것입니다.

우리는 변화 도상에서 코로나19를 경험했고, 코로나 이후에도 **변화**를 계속할 것입니다. 대학은 지난 십수 년 동안 늘 위기였고, 교육행정에 대한 불만은 이미 오래전부터 팽배했습니다. 난제를 해결하지 못한 채 코로나19를 만났고, 코로나가 지나간 자리에는 개선해야 할 과제가 더욱 또렷이 드러나고 있습니다. 어떤 일은 대략 해결의 방향을 잡고 있지만, 생각만큼 실천이 수월하지 않고, 어떤 문제는 해결의 실마리조차 잡지 못한 상

태에 있습니다. 코로나 이후에도 뒤엉킨 실타래를 푸는 일은
계속될 것입니다.

일상 회복에 대한 기대와 여전한 두려움이 뒤섞인 하루하루
를 보내고 있습니다. 그래도 기대가 점점 커져 갑니다. 아마
사회의 여러 분야에서 코로나19 경험을 반추하고 미래를 설계
하는 논의를 시작할 것입니다. 우리는 코로나 이후의 교육을
모색하는 일을 여러분과 함께하고 싶습니다.

더 많은 기대를 품고 싶은 2021년 여름
집필진을 대표하여
김 용

코로나 이후의 교육을 말하다

차례

교육기본권과 출석, 돌봄, 그리고 격차

― 코로나19 전과 후의 한국 교육

김 용

코로나19 팬데믹은 잔잔한 호수에 던져진 돌과 같았다. 물속에 감추어져 있던 호수의 바닥이 드러나고, 모습을 숨기고 있던 온갖 잡동사니들이 잠시 물 위로 모습을 비췄다. 충격으로 떠오른 부유물은 잔잔한 호수만을 알고 있던 사람들에게 놀라움을 안겼다. 파문이 사라지고 부유물이 가라앉으면 호수는 다시 잔잔한 모습만을 보여줄 것이다. 잠시 떠올랐던 것들이 다시 바닥에 널브러져 있는 채로.

출석, 돌봄, 그리고 격차

코로나19의 충격파는 학교에도 어김없이 밀려들었다. 일찍이 한국의 학교는 전쟁의 포화 속에서도 문을 열었건만 이번에는 그 문을 닫았다. 학교를 중심으로 이루어졌던 아이들의 일상이 달라졌다. 코로나19가 일으킨 파문으로 학교가 어떤 기능을 하고 있는지, 어떻게 운영되고 있는지가 드러났다.

2020년 2월, 코로나19 상황이 심각해지면서 전국 모든 학교가 등교를 연기했다. 국가 교육과정은 수업일수를 정하고 있고, 각 학교에서는 이 수업일수를 충족하는 범위에서 학사 일정을 마련한다. 등교를 연기하면서 처음에는 여름방학과 겨울방학을 단축하는 방식으로 수업일수를 맞추었다. 그러나 등교 연기가 거듭되면서, 방학을 줄이는 것만으로는 수업일수를 맞추기가 어려워지자 국가 교육과정에서 정한 재량을 활용하기 시작했다. 즉, 특별한 사정이 있는 경우 수업일수를 일부 단축할 수 있다는 내용을 적용하였다.

방학을 단축하고 재량을 모두 활용한 상태에서 등교 연기가 중단되고 학교는 다시 문을 열었다. 현행 법령에 따르면 수업일수를 채우지 못하거나, 정해진 날짜 중 어느 정도 이상 결석하면 다음 학년으로 진급할 수 없다. 만약 2020년 코로나19 상황이 엄중하여 수업일수를 충족하기 어려운 상황이 계속되었다면, 모든 학생이 한 해 유급하는 사상 초유의 일이 발생했을

지도 모른다. 반대로, 우여곡절 속에서도 2020년에 간신히 수업일수를 채웠기 때문에, 교육자들은 한숨을 돌릴 수 있었다.

학교가 문을 닫고 등교 연기를 거듭하면서, 학부모들이 가장 먼저 맞이한 어려움은 돌봄이었다. 학교는 교육하는 곳으로만 알려져 있었지만, 아이들이 학교에서 시간을 보내는 일은 무엇인가를 배우는 일 이전에 안전하게 보호받는다는 의미가 있다. 부모, 특히 맞벌이 부부 등 아이를 종일 돌볼 수 없는 가정의 부모들은 학교에 가지 못하고 집에 방치되어 있는 아이를 어떻게 돌볼 것인가라는 문제를 어려워했다. 실상 돌봄은 코로나19 이전부터 학교에 이슈가 되어 있었다. 저출생 문제가 심각하게 부각되는 가운데, 그 원인 중 하나로 초등학교 저학년 단계에서 정규 수업을 마친 후에 아이들을 돌보는 체제가 미흡하다는 문제가 꾸준하게 제기되어 왔다.

많은 가정에서는 정규 수업 이후에 태권도장과 미술학원, 그리고 피아노학원 등을 '도는' 방식으로 부모가 돌볼 수 없는 시간을 '때웠다'. 이런 실정에서 학교에서 방과후학교를 개설하고 초등 돌봄교실을 열었다. 전자는 사교육비 경감 차원에서, 후자는 저출생 대책 일환으로 제기되고, 각각 유상과 무상이라는 점 등에서 차이가 있었지만, 학부모 입장에서는 가정에서 돌볼 수 없는 시간에 아이를 학교에 맡긴다는 의미가 있다.

교사 중 한 사람이 방과후학교 운영을 책임지고, 강사를 찾고 계약하고 학생들의 수강신청을 받는 등 관련한 여러 가지 일을 처리하였다. 방과후학교 프로그램 운영은 정규 교원이 아닌 강사들이 맡았다. 초등 돌봄교실 역시 교사 한 사람이 운영을 책임지고 있지만, 돌봄 업무는 전담사들이 맡는다. 이 업무를 담당하는 교사들은 자신이 교육 활동이 아닌 일에 시간을 할애하는 데 불만을 가진 경우가 적지 않다. 또, 돌봄 전담사와 방과후학교 강사들은 자신들의 처우에 대한 불만이 상당하다.

기본적으로 현재 학교에서 이루어지는 돌봄 체제는 매우 유약하다. 실제로 코로나19 상황에서 많은 학부모들이 긴급 돌봄을 확대해줄 것을 요청했으나, 몇 차례 돌봄 전담사들의 파업이 있었고, 교사들은 돌봄 업무를 지자체에서 모두 맡아줄 것을 요구하였다. 두 집단 사이의 갈등이 상당하였다.

격차는 코로나19 이후 학교교육을 조명하는 가장 중요한 어휘가 되었다(김경애 외, 2020). 여러 신문, 방송에서 코로나19 이후 학력격차가 심화하고 있다는 사실을 보도했다. 시험 결과 중위권 학생은 줄어든 대신 하위권 학생이 많아졌다는 사실이 드러났다.

학력격차 이전에 집에서 점심을 먹는 아이들과 거르는 아이들로 나뉘고, 부모의 지원 속에서 비교적 규칙적으로 생활하는 아이들 밖으로 일상을 좀체 추스르지 못하는 아이들이 교사들의 눈에 들어왔다. 격차는 동일 학년 학생들 사이에만 나타난 것이 아니라, 학교 간에도 나타났다. 대면 수업을 엄두조차 내지 못한 공립학교가 대다수일 때에도 대면 수업을 안전하게 전개해 간 사립학교들이 있었다. 원격 수업격차도 상당했다. 교육방송 등에서 이미 제작해 둔 프로그램을 링크하여 학생에게 제공하는 것으로 그친 학교가 있었는가 하면, 교사들이 직접 영상을 제작하여 학생들과 수업한 학교도 있었고, 실시간 화상 수입을 진행한 학교도 있었다. 코로나19에 대처하는 과정에서 학교의 대응에는 상당한 차이가 드러났다.

나아가 코로나19 시국에서 교육을 경험한 학생 전체가 어떤 경험을 하지 못하거나, 특별한 경험을 하는 방식으로 다른 연령대 학생들과 격차를 보일 수 있다. 공감 능력은 만 3세 무렵에 다른 사람과 눈을 맞추고 그의 표정을 보면서 형성되기 시작한다고 한다. 그런데 코로나19 상황에서 유치원 교육을 받은 아이들은 마스크 속에서 다른 친구의 표정을 읽을 수 없었다. 앞으로 이 아이들의 공감 능력에 어떤 영향이 있을지 의문이다.

출석과 돌봄, 그리고 격차는 코로나19 상황에서 드러난 우리 교육의 현실과 문제를 보여준다. 사실 이 문제들은 코로나19 이후 촉발된 것이라기보다는 이미 오래전부터 잠재되어 있었던 것들이다. 다만, 코로나19가 그 문제성을 더 분명하게 드러냈을 뿐이다.

연령주의 의무교육과 출석일수

우리 「헌법」은 교육을 받는 일을 '권리'로 선언하고 있다. 모든 시민이 국가에 대하여 교육을 제공할 것을 요구할 수 있다는 의미이다. 그런데 현행 「헌법」의 뿌리가 되는 1919년 「대한민국임시헌장」은 교육을 받는 일을 '의무'로 규정하였다. 교육은 국가에 필요한 일이니, 모든 국민이 교육을 받아야 한다는 의미이다. 현행 「헌법」에서도 교육을 권리로 선언한 다음에 초등학교 6년과 중학교 3년 교육은 의무적으로 이수할 것을 규정하고 있다. 교육은 우리에게 권리이자 의무이다.

공교육 제도는 국가의 정치·사회적 필요에 따라 형성되었다. 근대 국민국가가 형성되면서 '국민'을 형성해야 할 필요가 제기되었고, 이 과업이 학교에 맡겨졌다. 아울러 산업혁명으로 대규모 공장이 설립되고, 최소한의 교육을 받은 노동력에 대한 수요가 폭발하였다. 공장 옆에 학교를 세우고, 일하는 여성을 위하여 학교에서 아동을 보호하는 한편, 노동 규율을 갖춘 어린 노동자들을 공장에 공급하기 시작했다. 다른 한편으로, 개인의 입장에서 교육은 자신의 경제·사회적 형편을 개선하고 신분을 바꿀 수도 있는 기회였다. 교육의 가능성을 본 시민들이 국가에 교육을 확대할 것을 요구하였다. 국가와 시민의 요구가 맞물리면서 공교육은 확장했다(Green, 1990).

교육은 국가의 일이기도 하지만, 개인의 일이기도 하다. 따라서 국가가 관장하는 공교육이 계속 확장되는 것이 늘 바람직한 것은 아니다. 사적 영역을 침해할 소지가 크기 때문이다. 국가는 모든 국민에게 '의무'로 강제하는 교육을 정하고 이 교육만큼은 반드시 참여할 것을 요구한다. 이것이 의무교육이다.

그런데 의무교육을 이행하는 방법은 한 가지가 아니다. 우리나라에서 초등학교는 만 6세 아동이 입학하여 6년간 교육을 받는 학교로 정의할 수 있다. 만 6세가 되면 반드시 학교에 입학해야만 하며, 6년간 교육을 받아야 한다. 한국에서 의무교육은 일정 연령에 취학을 개시하여 일정 연령에 이르면 이수가 자동적으로 인정된다. 이와 같은 방식을 연령주의라고 한다.

연령주의와 비슷하지만, 약간 다른 방식도 있다. 학령 기간을 통틀어 일정 취학 연수에 이를 때까지 취학하는 것을 요구하는 방식이 있는데, 이를 연수주의라고 한다. 이 방식은 몇 세에 입학하는가는 중요하지 않지만, 몇 년 동안 학교교육을 받는가는 중요하다. 연령주의는 근대 이래로 보편적으로 채택되는 방식으로, 사상, 양심의 자유를 침해하지 않고 일정 연령까지 교육을 우선 보장한다. 연수주의는 학교교육 초기에 나타난 형태로, 농한기 등을 활용하여 교육을 받도록 하는 방식이었다.

이와 달리 과정주의는 표준화된 교육과정 또는 교과서, 그리고 졸업 시험을 수반하는 경우가 많다. 이 점에서 절대주의형 교육과정과 잘 어울린다는 평가가 있다. 그러나 연령주의나 연수주의는 학교를 시작한 연령 또는 학교에서 보낸 햇수가 중요하기 때문에, 학생이 학교 밖에서 배우는 일을 인정하지 않는데 비하여, 과정주의는 학교 안과 밖을 불문하고, 의무교육 단계에서 학습해야 할 내용을 충실하게 학습했는가 여부를 중시한다. 이런 점에서 과정주의가 의무교육의 본연에 가깝다는 평가도 있다(市川昭午, 2006).

우리나라는 연령주의 의무교육 제공 방식을 택하고 있다. 초등학교 6년과 중학교 3년, 합하여 최소 9년의 학교교육을 받도록 규정하고 있다. 매해 충실하게 의무교육을 이수했는가 여부는 국가가 정한 범위 이상으로 학교에 출석하였는가를 기준으로 판단한다. 코로나19 상황에서 학교의 출석일수가 중요했던 데에는 이런 이유가 있다.

한편, 한국의 의무교육 제도에서 또 하나의 특징은 의무교육 단계에서의 성취를 확인하는 장치가 없다는 사실이다. 우리에게도 잘 알려진 프랑스의 바칼로레아Baccalauréat나 독일의 아비투어Abitur는 고등학교 졸업 자격 시험이다. 이 시험에 합격하면 고등학교까지의 교육을 성공적으로 마쳤다는 증표를 얻는다. 이 시험의 합격증은 그대로 대학 입학 자격증으로, 사회 생활을 할 수 있는 최소한의 요건으로 활용된다. 프랑스에서는 편의점 아르바이트에 지원하는 경우에도 바칼로레아를 요구하는 경우가 있다고 한다. 결국, 이들 국가에서는 학교교육을 마치는 시점에서의 졸업 자격 관리output control가 이루어지는 셈이다.

반면, 한국에는 이런 기제가 존재하지 않는다. 중학교와 고등학교를 마치면 각각 졸업장을 수여받지만, 졸업장은 상급학교에 진학하기 위한 형식적 요건 중 하나일 뿐이며, 상급학교 입학 자격으로 의미 있게 활용되지는 않는다. 또, 편의점 아르바이트를 고용할 때, 학교 졸업장을 요구하는 경우도 흔하지 않다. 예전부터 한국은 졸업 자격 관리가 아니라 입학 자격 관리Input Control가 강했다. 오래전에는 중학교 입학 시험이, 그 이후에는 고등학교 입학 시험이, 그리고 지금도 대학 입학 시험이 중요하다. 입학 시험을 통과하기만 하면, 출석일수만 잘 충족하면 자동적으로 진급하고 졸업한다.

코로나19를 겪으면서 교육부와 학교 관계자들은 출석일수를 채우는 일에 골머리를 앓았다. 다행스럽게 2020년에도 출석일수를 간신히 채우면서 학생들이 진급하고 졸업했다. 그런데 거듭된 등교 연기와 준비되지 않은 원격 수업 와중에서 모든 학생들이 그해에 배워야 할 내용을 충실히 학습하고 진급 또는 졸업했는지는 의문이다.

학교와 교사 일의 변화와 돌봄

한국 사회에서 지금과 같은 모양의 학교가 처음 생겼을 때, 학교에서 근무하는 사람들의 절대 다수는 교사였다. 당시 교사는 교과를 가르치는 일 외에 근래 학교행정 업무라고 부르는 일까지 담당했다. 교사 중 누군가는 교육청에서 학교 교사들의 월급을 받아서, 동료들에게 나누어 주는 일을 하였다. '소사小使'라고 불리던 한두 명이 학교 건물 관리 등을 맡아서 처리했는데, 그를 제외하면 학교에는 교사들만 있었다.

시간이 흐르면서 학교의 일과 공간, 그리고 사람이 변화하였다. 학교에서 학생 신체검사가 이루어졌고, 한때는 은행원들이 들러 예금을 받기도 하였다. 교실만 있던 학교에 도서실이 만들어지고, 체육관과 과학실이 잇따라 들어섰다. 2000년대 들어 학교 변화는 한층 심화하였다. 급식을 시행하면서, 급식 종사원들이 학교로 들어왔다. 사교육비 문제가 사회적 쟁점이 되자, 학교에 방과후학교를 운영하도록 하였고, 다양한 강사 인력이 학교에서 가르치기 시작했다. 저출생 문제를 극복하기 위하여 초등학교에서 정규 수업 이후에 돌봄을 제공해야 한다는 사회적 요구에 따라 돌봄교실을 학교 안에 설치하고, 돌봄 전담사들이 학교 인력으로 채용되기 시작했다.

한편, 학교 수업의 변화로 학교의 일과 공간, 사람 역시 바뀌었다. 교사가 교과서를 중심으로 일방적으로 수업하던 것에서 학생들의 다양한 활동을 중심으로 배우는 것으로 바뀌면서 현장 체험 활동, 각종 대회 등 다양한 행사가 시작되었다. 수업 변화에 발맞추어 교과 교실제가 시행되면서 영어 교실, 지리 교실, 수학 교실 등 학교 공간이 특성화하였다. 과학이나 체육, 영어 등 교사 한 사람만으로 수업을 준비하고 실행하기가 쉽지 않은 교과의 경우, 교사를 돕는 보조원이나 강사 등이 학교에 들어왔다.

일본에서는 전통적인 학교 조직을 냄비 뚜껑에 비유한다. 냄비 뚜껑은 평평한 면에 손잡이 부분만 튀어나와 있다. 학교는 여러 명의 동질적인 교사들과 한 명의 교장으로 이루어져 있다는 의미다. 과거 한국 학교도 냄비 뚜껑 조직에 가까웠다. 그러나 근래 학교 일과 공간이 변화하면서 학교는 더 이상 냄비 뚜껑 조직이 아니다. 학교에는 교사보다 교사 아닌 사람이 더 많다. 교사 아닌 사람들은 유형이 마흔 가지에 이를 정도로 다양하다. 또, 교사 안에서도 정규직과 기간제가 공존한다.

학교 안에서 다양한 인력이 함께 생활하고 있지만, 그들 모두의 관계가 원만한 것은 아니다. 교육공무직원으로 통칭되는 비정규직 인력들은 교사나 행정실 직원 등 정규 직원들을 비교 대상으로 삼아 집단 행동을 벌일 때도 있다. 정규 직원인 교원과 행정 직원 사이에도 갈등이 적지 않다. 교원 내에서도 학생부장이나 담임, 고교 3학년 수업 등 힘든 일을 정규 교원이 비정규직 교원에게 전가하는 사례도 나타나고 있다. 학교 인력 간 갈등이 심해지면서, 이들 사이에 업무 분장을 둘러싼 긴장

코로나 이후의 교육을 말하다

역시 고조되고 있다. 어떤 일을 누가 담당해야 하는가라는 문제가 여러 학교에서 이슈가 되고 있다.

코로나19 팬데믹 속에서도 등교하는 학생들에게 손 소독제를 뿌리는 일을 누가 해야 하는가, 학생은 등교하지 않고 교사만 원격 수업을 진행하는 상황에서 급식 종사자들은 교사에게 급식을 제공해야 하는가와 같은 문제가 불거졌다.

사회가 변화하면서 새로운 일이 학교에 부과되고, 그 일을 담당할 인력이 충원되기도 한다. 일이 많아지고 사람이 다양해질수록 각자의 일을 세분하고, 분장하려는 욕구 역시 높아진다. 교사들은 교육 본질, 교사 전문성이라는 이야기를 부쩍 자주 말한다. 교사들이 오랜 기간 행정 업무 부담에 시달려 왔기 때문에, 그들이 교육 본질을 찾고, 그 일을 통해서 전문성을 실현하고자 하는 데에는 일리가 있다. 한편, 다양한 목적으로 학교에 들어온 다양한 사람들 역시 자신의 업무를 명확히 하려고 한다. 그들 역시 온당한 이유가 있다.

많은 사람들이 업무 다툼을 하는 틈새에 끼인 일이 있고, 코로나19 팬데믹에서 돌봄이 그런 문제였다. 돌봄이 필요한 아이는 많았지만, 누가 돌볼 것인가라는 문제를 둘러싸고 갈등하는 사이에서 실질적으로는 돌봄이 적절하게 이루어지지 못했다.

대중교육사회의 동요와 격차

코로나19 이후 격차는 사회의 모든 부면에서 문제가 되었다. 비대면 경제가 대세로 떠오르면서 온라인 기반의 산업체는 크게 약진한 반면, 전통적 제조업은 타격을 받았다. 자영업자의 한숨소리가 넘쳐난다는 기사 한편에 세계적 부호들의 자산은 오히려 증가했다는 소식도 들려온다. 재난은 모든 사람에게 공평하지 않았고, 기존 격차를 확대하였다.

학교교육에서도 격차가 화두가 되고 있다. 코로나19로 학력 격차가 확대되고 있다는 조사 결과가 여럿 보도되었다. 그런데 코로나19가 격차를 더욱 확대한 것은 사실이지만, 격차는 이미 존재하고 심화하고 있었던 것이라는 진단이 좀 더 사실에 부합한다. 학교교육에 성실하게 참여하고 열심히 공부하자는 분위기가 깨진지는 이미 오래되었다. 학급붕괴, 교실붕괴라는 말이 이미 2000년대 초부터 회자되었는데, 이미 그 무렵부터 학교는 변화하고 학생들의 학교생활 양태도 바뀌었으며 격차는 확대되기 시작했을 것이다.

유럽의 경우, 산업혁명으로 사회 계층이 상당 부분 형성된 후에 학교교육이 발달하기 시작했다. 또, 엘리트 교육을 하는 대학이 일찍부터 존재했고, 대학 입학생을 충원하기 위한 교육기관으로 중등교육이 발달하였다. '좋은 학교'일수록 라틴어와 그리스어 같은 고전어 수업이 많았는데, 고전어는 노동 계층 자녀들에게 쉽지 않은 교과였다. 이런 여러 가지 요인이 결합하면서 유럽에서는 일찍부터 사회 계층에 따라 학교교육이 분화하고, 좋은 학교에 진학하기 위한 경쟁 역시 일부 집단 학생에 국한되었다. 결과적으로 학교교육은 계층 재생산에 기여하였다(Müller, Ringer & Simon, 1987).

반면, 한국 그리고 일본에서는 교육이 계층을 재생산하기보다는 형성하는 기제로 작동하였다. 특히 한국에서 이 사실이 두드러진다. 조선의 쇠락과 일제상점기를 겪는 동안 구래의 신분 질서는 상당히 약화하였다. 한국전쟁으로 의도하지 않게 경제적 측면에서의 출발선 평등이 이루어졌다. 이런 상황에서 학교교육에서 거둔 성취는 사회적 지위를 배분하는 결정적 요인으로 작용하였다.

한국 사회는 대규모로 확대된 교육을 토대로 형성된 대중화된 사회, 즉 대중교육사회이다. 사회적 계층 구조가 일정한 수준에서 형성된 후에 대중교육 체제가 구축되고 교육이 계층 재생산 기능을 수행하였던 구미 국가와 달리, 한국 그리고 일본에서는 교육이 사회 편성에 중요한 역할을 담당하였다(苅谷剛彦, 1995).

출생 시점에서 물려받은 신분이 아니라 학교에서 보인 성취에 따라 사회적 지위를 배분하면서, 계층을 불문하고 교육에 높은 가치를 부여하고 교육의 평등을 추구하였다. 학교교육의 내용은 계층 중립적인 것이었으며, 권위주의 정부는 중학교 무시험 입학과 고교 평준화, 그리고 대학 졸업 정원제 등 대중 인기 영합적 정책을 잇달아 결정하고 시행하여 교육 기회를 대규모로 창출하고 교육 수요를 수용하였다.

그 결과 교육이 대규모로 확대되었으며, 능력주의meritocracy가 대중화하였다. 1970년에 일본을 방문한 OECD 조사단의 일원이었던 노르웨이 사회학자 요한 갈퉁Johan Galtung은 일본교육을 "… 생물적 출생은 극적인 것이지만 잘 생각해 보면 개인의 사회적 출생 또한 극적이다. … 입학 시험에 합격하는 것은 재탄생이며 일단 재탄생한 다음의 그의 인생은 카스트 제도처럼 출생으로 지위가 정해지는 보수사회와 마찬가지로 결정된다"고 진단했다고 한다(苅谷剛彦, 1995: 247). 교육이 확대되면서 학교에서의 업적에 따른 사회적 선발이 사회 곳곳에 침투하였다. 학교에서의 업적은 표준화, 획일화된 절차를 통하여 그 성취

수준을 잴 때에만 '공정'하다는 생각 역시 능력주의만큼 널리 확산하였다(苅谷剛彦, 1995).

그런데 학교교육을 통하여 높은 사회 계층에 진입한 이들이 자녀들에게 자신들의 사회·경제적 지위를 이전해 주려고 하는 과정에서 교육이 계층 재생산 기제로 작동하고, 그 과정에서 대중교육사회가 동요하고 있다. 대중교육사회에서는 학교에서 좋은 성적을 거두면 '다시 태어날 수 있다'고 하니 다시 태어나고 싶어 하는 사람들의 바람이 강화되고, 교육과 학교에 그 기대를 걸었던 데 비하여, 사회 계층 구조가 안정화되면 교육에 잠재되어 있던 계층의 영향이 확대된다. 일본 교육사회학자 카리야 다케히코는 대중교육사회가 동요하는 일본의 교육 현실을 '의욕 분화incentive divide'라는 개념으로 설명한다(苅谷剛彦, 2001: 211). 학습 의욕을 가진 자와 갖지 못한 자, 스스로 배우고자 하는 자와 배움에서 이탈하는 자가 분화한다는 것이다.

2000년대 들어 학교교육에 의욕을 잃고 배움으로부터 도주하는 아이들이 급증하는 일이 일어나고 있다. 교실붕괴는 그 상징적 사건이다. 한국의 교육 현장에서도 선발 대학을 지망하는 학생들은 과거와 다름없이 학교교육에 적극적으로 참여하고 있지만, 모집 대학에 진학하거나 대학 진학을 애초에 염두에 두지 않은 학생들은 비교적 이른 시기부터 학교교육에 참여하지 않는다. 격차는 코로나19 전부터 존재하였고 점점 커져가고 있다.

한국 교육에서 코로나19

격차와 양극화, 그 한복판에 코로나19가 몰려왔고, 그것이 지나간 자리에 격차는 더 확대되었다. 자영업자들이 줄도산하는 한편에서 플랫폼 기업은 급성장하고 있다. 관광이나 항공 업계 등은 극한의 구조조정을 계속하고 있지만, 마스크나 소독제와 같은 방역 물품 제조업은 때아닌 호황을 누리고 있다.

교육 부문에서도 다양한 양상으로 격차가 나타나고 있다. 등교가 거듭 연기되는 사이에 집 안에 홀로 방치되어 끼니마저 챙기지 못한 아이들이 있었는가 하면, 학교를 가지 않는 시간에 학원에서 고액 강의를 편안히 수강하는 학생들도 있었다. 이미 말한 것처럼, 교육에서의 학력격차는 점차 확대하고 있다. OECD에서 주관하는 국제학업성취도비교평가 PISA에서 한국 학생들의 기초 학력 미달 비율은 2012년 이후 줄곧 상승하는 추세다.

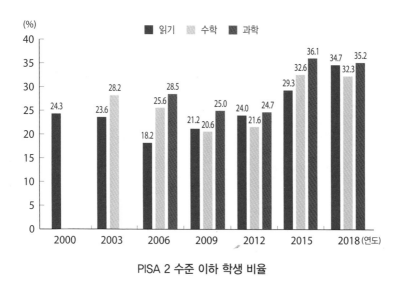

PISA 2 수준 이하 학생 비율

코로나19 이후 사회 부문에서는 자영업자들의 손실을 보상하고, 고가 주택 보유자들의 세금을 높이며, 전 국민 고용보험을 시행하는 등 양극화를 완화하기 위한 노력을 배가하고 있다. 소득 불평등과 자산 불평등을 완화하기 위한 노력과 함께 공정한 경쟁의 출발점을 만드는 데 교육의 역할이 있을 것이다. 대중교육사회의 동요가 계속된다면 격차사회를 저지하는 일도 어려워질 것이다. 우리는 의욕 분화를 저지하고, 모든 아이들이 자신의 적성과 소질을 최대한 계발할 수 있는 교육을 할 수 있을까?

이런 과제에서 우선 역점을 두어야 하는 일은 학력이 낮은 아이들을 위로 끌어올려 주는 것이다. 기초 학력 문제는 이미 몇 해 전부터 중요한 교육정책 과제로 부각되고 있다. 교육부와 시·도교육청에서는 대학생 멘토를 결연하여 학력이 낮은 학생을 지도하게 하고, 학교에 일정 금액을 교부하여 기초 학력을 끌어올리기 위한 사업을 시행하고 있다. 그런데 효과는 신통치 않다. 왜일까?

학력은 아동과 가정, 교사와 학교, 교육행정과 지역사회의 함수이다. 학교 안에서 교사의 노력만으로 학력 향상을 기대하기 어려운 이유이다. 근래 점점 중요해지는 것은 가정의 영향이다. 사회 변화에 따라 가정 형태가 다변화하고 있다. 한부모 가정이나 조손 가정 등 새로운 형태의 가정이 크게 늘고 있으며, 가정의 교육력은 약화하고 있다. 이런 배경에서 아동 돌봄은 중요한 과제가 된다. 학부모들은 아동이 학교에서 안전하게 돌봄을 받기를 희망한다. 그러나 교사 중에는 돌봄은 교육이 아니며, 돌봄은 학교 밖 지역사회 시설에서 이루어져야 한다고 생각하는 사람이 적지 않다. 시민들의 요구와 교사들의 요구가 충돌하는 상황이다. 학부모나 시민들은 학교가 사회 센터social center로서의 역할을 해 주기를 바라지만, 교사들은 학교가 '교육' 공간으로 남기를 원한다. 학교는 어떤 공간이어야 하는가? 이 질문에 서로 다른 방향의 대답이 맞서고 있다.

한편, 대중교육사회 동요 상황에서 코로나19는 교사들의 일과 일하는 방식에 관해서도 질문을 던졌다. 교사들이 말하는 교육 본질과 교사 전문성 담론은 '교육'을 왜소화하는 결과를 초래하고 있다. 돌봄은 교육이 아니며, 기초 학력은 교사 아닌 사람들이 하는 일이 되었다. 교사들이 기초 학력을 맡는 경우에도, 그 일은 자신의 본업이 아니며 잡무가 되었다. '진도를 나간다'고 하는, 교과서를 중심으로 수업을 하는 일만을 교육으로 간주하고, 그 밖의 일체의 일을 잡무로 여기는 교사가 적지 않다. '진도를 나간다'는 것은 교사의 행위이지, 학생의 행위는 아니다. 다시 말하여 교사가 진도를 나가도 학생은 배우지 않을 수 있다. 졸업 자격 관리가 없는 한국 교육에서는 이런 상황이 오래 지속되고 있다. 코로나19 아래에서 진도를 나가는 일마저 쉽지 않았다. 교육청에서는 긴급하게 자원을 투입하여 원격 강의를 지원하고자 했고, 교사들은 원격 수업 방식을 기민하게 학습하여 나름대로 수업을 진행하였다. 그러나 '코로나19 세대' 출현을 걱정해야 하는 시점에서 진도를 나간 것만으로 교육은 그 역할을 다했는가라는 질문이 제기된다.

교육기본권, 새로운 논의의 출발점

코로나19는 한 사람 한 사람의 삶은 물론, 국가 운영, 나아가 국제 질서에도 심각한 의문을 제기하였다. 성장 위주의 경제 운용은 바람직한가, 향후에도 지속 가능한가라는 질문이 제기되었고(장하준, 2020), 지금까지 선진국이라고 불려 온 국가들의 실상도 확인할 수 있었다. 지구촌 유일한 패권 국가인 미국의 위상에 대한 의문이 제기된 것도 사실이다.

개인의 삶의 양식을 근본적으로 바꾸어야 하는 것 아닐까? 라는 논의도 이루어지고 있다. 내가 좋아하는 것을 추구하기보다는 남들이 원하는 것을 덩달아 좇고, 남에게 인정받기 위해 투쟁하는 삶을 살아야 할 것인가? 다른 사람들과 공존하는 삶을 살 것인가? 라는 사고 전환이 필요하다(김경일, 2020).

코로나19 전과 후로 시대를 나누어야 한다는 의미에서 B.C.Before Corona와 A.D.After Disease로 나뉜다는 논의처럼, 개개인의 삶과 사회 전 부문에서 코로나는 중요한 변화를 요구하고 있다.

교육 역시 코로나 이후 변화를 요구받고 있다. 다양한 제안이 이루어지고 있다. 감염병 일상화가 예견되므로 모든 학생에게 디지털 매체를 지급하고, 교사들은 에듀테크edutech 활용 역량을 길러야 한다는 주장, 비대면 학습에 활용할 프로그램 개발을 서두르고, 모든 교실에 와이파이를 깔고 클라우드 서비스를 구축해야 한다는 주장, 교실에서 항상 사회적 거리두기가 가능하도록 학급당 학생 수를 획기적으로 줄여야 한다는 주장, 향후에는 감염병이 발발하기 전이라도 대면 수업과 비대면 수업을 혼합하여 운영해야 한다는 제안이 이루어지기도 한다. 모두 일리 있는 주장이다. 그런데 변화의 맥을 잡기가 쉽지 않다. 혼란스러운 제안이 이어지고 있다. 논의의 출발점을 설정할 필요가 있다.

교육을 소박하게 정의하면 인간을 형성하는 일이라고 할 수 있다. 신체를 건강하게 하고, 다른 사람들의 삶에 공감하며 함께 살 수 있는 힘을 기르고, 자신의 지성을 계발하는 일이 인간 형성이다. 인간 형성은 오랫동안 가정의 일이었고, 더 넓게 보면 가문 또는 문중의 일이었다. 교육은 사사私事였던 셈이다. 사사로서의 교육이 모든 사람에게 공평한 것은 아니었다. 교육받을 수 있는 사람은 소수에 불과했다. 아는 것은 힘이 될 수 있음을 자각한 지배 계층은 민중들의 교육 기회를 억압하기까지 했다. 이런 배경에서 시민혁명을 이룬 시민들은 모든 사람에게 교육을 제공할 것을 국가에 요구하고, 이것이 공교육public education 정책으로 구체화하였다. 그리고 교육기본권이 공교육의 핵심 개념이 되었다.

우리 「헌법」 제31조는 모든 국민에게 교육을 받을 권리가 있음을 선언하고 있다. 교육을 '받는다'는 표현은 교육을 제공하는 국가에 대하여 민중들이 수동적으로 교육을 받는 일로 해석할 수 있지만, 이것의 영어 표현은 교육에의 권리, the right to education이다. 교육을 받는 일은 생명체로 태어난 인간이 사회적 존재로 재탄생하는 중요한 일이다. 모든 생명체는 인간으로서 의미 있는 삶을 살아갈 권리가 있고, 이것은 자신의 성장 발달을 지원할 것을 국가에 요구할 권리이다. 이런 점에서 교육기본권은 모든 인간의 성장 발달을 지원할 것을 국가에 요구할 수 있는 권리라고 할 수 있다.

코로나19는 인간의 성장 발달에 관한 사회적 과업으로서의 교육이 과연 바람직하게 이루어지고 있는 것인지, 어떤 점을 변화시켜야 할 것인지를 질문한 사건이었다.

코로나19가 지나간 자리에서

우리는 곧 코로나19를 극복할 것이다. 그러나 이제 감염병의 일상화는 예견이 아니라, 사실로 받아들여지고 있다. 머지않아 인류는 또 다른 바이러스의 습격을 받을 확률이 높다. 몇 해 전 신종플루나 메르스와 같은 감염병을 경험한 일이 있지만, 코로나19는 모든 학교의 문을 일시에 닫게 할 만큼 위협적이었다. 전례 없는 경험이었기에 우리의 대응 역시 완벽한 것은 아니었다. 장차 다시 감염병을 경험할 수도 있는 가능성을 염두에 두고, 이번 대응을 검토하고 개선 방안을 찾아야 한다.

코로나19가 기승을 부리자 전국 모든 학교가 일시에 등교를 연기했다. 사실상 학교를 폐쇄한 것이다. 어렵사리 등교를 재개한 후에도 학교 운영은 여러 가지 면에서 파행을 거듭했다. 감염병에 의하여 학습자의 교육받을 권리가 제한된 셈이다. 이번 코로나19 대응이 적절한 것이었는가를 검토하는 일은 감염병에 의한 교육기본권 제한이 적절한 것이었는가를 묻는 일과 같다.

기본권은 '기본'권이기 때문에, 최대한 보장되어야 하며, 불가피하게 제한하는 경우에도, 일정한 원칙을 따라야 한다.

먼저, 기본권은 아무 때나 자의적으로 제한하지 않아야 하며, 목적의 정당성을 갖출 때에만 제한할 수 있다. 코로나19는 감염병에 따라 학습자의 생명과 신체에 심대한 손상을 끼칠 우려가 상당하기 때문에, 선제적으로 학교를 폐쇄하여 학습자의 건강과 안전을 지키고자 한 것은 정당한 목적으로 인정할 수 있다.

둘째, 기본권은 제한하는 경우에도 그 방법이 적절한 것이어야 한다. 코로나19가 발발하자 교육부는 전국 모든 학교의 등교를 연기했다. 그러나 당시 대구와 경북 일부 지역은 코로나19 환자가 속출하고 있었던 반면, 강원, 전남 같은 지역에는 환자가 거의 발생하지 않았다. 이렇듯 지역별로 상황이 상당히 달랐음에도 불구하고 전국적으로 동일한 지침을 발령한 것은 방법의 적절성 면에서 다시 생각할 필요가 있다. 바이러스가 지역을 가리는 것도 아니고 넓지 않은 국토의 이동률을 감안할 때 정부가 전국적 수준에서 대응하는 일은 불가피한 면이 있지만, 교육자치를 시행하고 학교 자율 운영을 강조하고 있는 상황에서 교육감 또는 교장, 나아가 학교 구성원의 결정권을 모두 박탈하는 것이 과연 바람직한 일인가를 사회적으로 협의해 볼 필요는 있다.

코로나 이후의 교육을 말하다

셋째, 불가피하게 기본권을 제한하는 경우에도, 피해가 최소한으로 발생하도록 해야 한다. 코로나19 이후 맨 먼저 취한 조치는 등교 연기였다. 등교 연기는 국가가 취할 수 있는 방법 중 가장 강력한 것이고, 뒤집어 말하면 학습자에게는 가장 큰 피해를 입히는 방법이다. 아마 2월 말 코로나19 환자가 폭증했던 상황과 관련이 있을 것이며, 원격 수업 체제를 갖추지 못한 상태에서 달리 도리가 없었을 것이다. 그러나 학생 수가 많지 않은 학교에서는 사회적 거리를 유지하면서도 수업을 진행할 수도 있고, 학교에 따라서는 원격 수업 장비를 이미 갖추고 있어서 굳이 등교를 연기할 필요가 없는 경우도 있다. 이것은 앞에서 말한 방법의 적절성과도 관련되는데, 감염병이 다시 발생하는 경우에 학교 단위에 일정한 결정권을 부여하면 학교 사정에 따라 다양한 방식으로 피해를 최소화하면서 감염병에 대응할 수 있을 것이다.

코로나19가 기승을 부리는 동안에 우여곡절을 겪기는 했지만, 아이들은 진급하고 졸업했다. 그러나 그들이 경험한 교육이 최선은 아니었다. 오히려 최악을 간신히 면한 정도에 그쳤다고 보는 편이 사실에 부합할 것이다.

대학생들은 코로나19 기간에 진행된 원격 강의 질이 형편없다고 주장하면서, 등록금 환불을 요구하는 소송을 제기하기도 했다. 이 일은 학습자들이 교육의 대상에 머무르지 않고, 적극적으로 자신들의 교육에 대하여 의견을 표명한 일이라는 점에서 매우 의미가 있다. 그런데 의무교육을 받거나 그렇지 않더라도 무상교육을 받는 초·중·고교생은 수업료 반환을 요구할 수 없다. 그렇다고 해서 우리 사회가 아동 청소년이 입은 피해에 눈 감아도 되는 것은 아니다. 불가피한 경우에 기본권을 제한할 수는 있지만, 그 불가피성이 사라진 후에는 적절한 방식으로 피해를 회복시켜 주는 일이 필요하다. 이렇게 할 때만이 사후적으로라도, 비록 충분하지 않더라도 기본권을 제한당한 사람들의 손해를 보상할 수 있다.

많은 아동·청소년이 코로나19를 경험하면서, 우울감을 경험하고 신체의 균형을 잃고 교사들의 수업을 제대로 이해하지 못했다. 코로나19가 완전히 사라지면, 이들이 입은 피해를 어떻게 회복할 것인가에 관하여 사회적 협의를 진행하고, 가정에서, 학교에서, 자녀에게, 학생에게, 이웃에게 적절한 실천을 해야 한다.

제 1 장

'관계'에서 일어나는 배움

― 코로나19가 일깨워 준 교육의 본질

김민성

10년차 대학교수인 나에게 2020년 봄은 특별하게 각인되어 있다. 벚꽃이 눈부시게 피고 하늘은 부서질 듯 파랬지만, 여느 봄과 달리 '봄'이 왔다는 것을 느낄 수가 없었기 때문이다. 흩날리는 벚꽃 사이를 깔깔거리며 지나가는 학생들이 없었다. 새로운 학생들과 익숙해지고 수업의 긴장이 서서히 풀어지면서 찾아오던 '그' 봄이 아니었다. 비로소 깨달았다. 봄은 사계의 포문을 여는 자연의 시간이 아니었다. 가르치는 교사인 나에게 봄은 학생과 수업이 빚어낸 '인문'적인 것이었다.

학교에서 학생을 볼 수는 없었지만 실시간 화상 수업이나 학생들이 제출한 과제, 이메일, 문자메세지를 통해 학생을 느낄 수는 있었다. 동영상 시청 후 실시간 수업에서 치른 퀴즈에서 학생들이 동영상 수업을 어느 정도 이해했는지를 알 수 있었고, 화상 수업에서 드러나는 표정이나 채팅의 문자에서 학생들의 생각이나 감정이 묻어날 때도 있었다. 과제의 일부분으로 포함시킨 성찰문 속에서 학생들이 배우고 느낀 것을 구체적으로 알아내기도 했다.

학생들과 소통하는 채널이 부재한 것은 아니었지만 '역동'이 없었다. 대면 수업에서 학생들이 수업에 몰입하고 모둠 활동에서 열을 내며 얘기하는 모습, 때로는 수업이 지겹다는 것을 온몸으로 표현하는 모습에서 교사인 나는 다양한 감정을 느꼈다. 이 감정은 다음 수업을 준비하는 에너지였고 학생들 앞에 다시 서기 위해 교사로서의 매무새를 가다듬게 만드는 거울이었다.

설문조사(이용상, 신동광, 2020)에서 대학생들은 녹화된 동영상 수업은 여러 번 다시 돌려 볼 수 있어서 내용 이해에 도움이 된다고 하였다. 화상 수업이나 과제 수업보다 동영상 녹화 수업이 내용을 이해하는 데 가장 효과적인 수업 형태라는 것이다. 설문조사의 내용만 보면 교사와 학생이 부대끼며 생활하는 학교라는 공간은 더 이상 필요 없어 보였다. 온라인상의 동영상 수업만으로 교육이 가능할 것만 같았다.

그러나 동시에 학생들은 중요한 점을 지적하였다. 온라인 수업 속에서는 교수님이나 다른 학생들과의 상호작용이 원활하지 않았다는 것이다. 궁금하고 이해하기 힘든 것을 교사에게 물어보고 수업 장면에서 바로바로 해결할 수 없었다고 했다. 학생들이 말하고 싶은 내용을 정확하게 알 수는 없었지만 대면 수업에 비해 온라인으로 이루어지는 수업 속에서 학생들은 답답함을 느끼고 있는 것은 확실해 보였다. 이전의 대면 수업에서 여러 방식의 교류들이 있었다는 것, 코로나19로 인해 그러한 교류들이 막혀 버리고 난 후, 학생들은 자신들이 누린 것이 무엇이었는지를 어렴풋하게 알게 된 것이다.

학생들은 학교를 그리워했고, 대면하여 만날 수 있었던 짧은 기간 무척 들떠 보였다. 나중에 학기가 끝난 후 교수님과 얼굴을 보며 수업을 할 수 있는 시간을 조금이라도 가질 수 있게 되어서 "다행이었다"고 말해 주었다. 학생들에게 학교교육은 '내용 이해'에 국한된 삶의 영역은 아니었다. 코로나19 시기 교육 공간에서 일어난 격리 속에서 우리는 강의실과 교실이 많은 것을 주고받는 소통과 교류의 공간이었다는 것을 깨닫게 되었다.

두 학기에 걸쳐 전면적인 비대면, 온라인 수업을 경험하면서 '교육은 무엇으로 이루어지는가'에 대해 생각하지 않을 수 없었다. 교사에게서 학생으로 수업내용이 전달되고 학생들은 그 내용을 처리하는 '정보처리'의 과정으로만 교육, 수업, 학습을 바라본다면 코로나19는 우리에게 가장 효율적인 교육시스템을 제공해 준 것이다. 그러나 성인인 대학생들과의 수업에서조차도 교육은 정보처리의 효율만으로 판단될 수는 없었다.

그렇다면 초등학교, 중학교, 고등학교 교사와 학생들이 코로나19라는 대재앙 속에서 느낀 '교육'의 모습은 어떤 것이었을까? 대학생들과 달리, 초·중·고등학생들에게 학교는 '생활' 공간이다. 학교에서 하루 대부분의 시간을 보내며 정보, 생각, 느낌, 감정 등 많은 것을 교류하면서 학생들은 깨닫고 성장한다. 코로나19로 인한 집단적이고 강제적인 격리와 그에 따라 이뤄졌던 교육을 통해 우리는 학교교육에 대해 무엇을 말할 수 있게 되었을까? 이 글을 쓰기 위해 초·중·고등학생과 교사와 나누었던 얘기로부터 코로나19 시기 우리가 경험했던 교육과 우리가 만들고 싶어 하는 교육의 모습에 대한 실타래를 풀고자 한다.

"친구가 없어요"

코로나19로 두 학기 동안 선생님, 친구들과 마주 보는 시간이 충분하지 않았던 아이들에게 학교에 대한 추억은 코로나19 이전의 시간에 머물러 있는 경우가 많았다.

2020년에 초등학교 2학년이었던 지유는 코로나19가 발발한 후 집에만 머물다 7월부터 긴급 돌봄을 받을 수 있게 되었다. 덕분에 매일 학교 돌봄교실에서 돌봄 선생님과 또래 친구들과 지낼 수 있었다. 2학년 담임선생님은 위층 교실에 계셔서 언제든지 선생님 얼굴을 볼 수 있었고, 담임선생님도 가끔씩 지유를 살피러 돌봄교실에 오셨지만, 같은 반 친구들과는 자주 만날 수 없었다. 지유는 초등학교 1학년 때 같은 반이었던 장난꾸러기 남자아이들을 코로나 때문에 자주 만날 수 없다는 것이 "너무 좋다"고 반복해서 얘기하였다. 그러나 지유 어머님의 얘기를 들어보면 지유의 속내는 다른 것 같다.

지유가 얘기했어요. 2학년 때 친구가 없다고요. 지유의 친구는 여전히 1학년 때 친구예요. 2학년 2학기까지도 1학년 선생님을 그리워했어요.

코로나19 때문에 자주 만나지 않아서 속이 시원하다는 장난 꾸러기 남자아이들에 대한 지유의 묘사는 매우 세밀하다.

태호는 키가 커요. 엄청 빠르거든요. 축구 선수예요 훈이는 저를 뚫어지게 쳐다봐요. 준서는 너무 예민하고 시영이는 ○○랑 똑같아서 싫고, 현준이는 너무, 너무, 너무 개구쟁이여서 싫고, 성욱이는 너무 예민하고 개구쟁이고, 수호는 너무 애들을 잘 놀려서 싫고…

지유가 얘기하는 '우리 반' 아이들은 모두 1학년 때 같은 반을 했던 친구들이다. 함께 부대낀 시간만큼 한 명 한 명 친구들에 대해 지유가 쏟아 놓는 얘기들은 자세하다. 묻지 않았지만 지유는 그 아이가 좋아하는 게 뭔지, 어떤 모습으로 걷는지, 그 아이가 나중에 뭘 하면 좋을지를 말해 주었다. 어떤 친구들과는 자매가 되어서 한집에서 살았으면 좋겠다는 마음을 간절하게 얘기하기도 하였다. 지유 엄마가 넌지시 알려 주었다. "지유가 지금 얘기하는 애들은 다 1학년 때 같은 반 친구들이에요." 2학년이 다 끝난 2021년 1월에 지유를 만났지만, 지유는 2학년 선생님이나 친구들에 대한 기억을 얘기해 주지 않았다.

2020년에 고3 시기를 보낸 유빈이는 코로나19 시기 학교 경험을 '폭풍'이라고 표현하였다. 고3이기 때문에 다른 학년보다 등교 수업을 일찍 시작하였지만, 확진자가 '터졌다'고 하면 서둘러 집에 돌아가는 일이 빈번했고, 시험도, 모의고사도 미뤄지는 등 "정신이 하나도 없었다". 체육대회나 축제도 다 취소되어 같은 반 애들끼리 친해질 기회도 없었고, 결국 학년이 끝날 때까지 말 한마디 못 건네 본 애들도 많았다. 졸업식 날 만나서 추억이라도 쌓자고 말한 친구들도 다 2학년 때 친구들이었다. 3학년 선생님과의 친밀감도 2학년 선생님과의 그것과는 다르게 느껴졌다.

> 선생님하고도 덜 친했던 것 같아요. 2학년 때 선생님이랑 더 친했고. 상담도 보통 3학년 때 되면 여러 번 한다고 하는데 저희는 한두 번씩밖에 못 했어요. 코로나19 때문에…

선생님, 친구들과 직접 부대끼는 것을 좋아하는 초등학교 6학년 가희는 화상 수업이나 등교 수업이 이루어진 5학년 2학기 이전까지는 담임선생님과 같은 반 친구 얼굴을 한 번도 보지 못했다. 개학하기 전 담임선생님의 전화 속 목소리만 들었을 뿐이다. 온라인 개학 이후 담임선생님의 존재는 e학습터 과제에 달아 주는 댓글을 통해서 느낄 수 있었다. 그러나 시간이 지나면서 선생님의 댓글은 점차 '공감'을 눌러 주는 것으로 대체되었다. 그래도 담임선생님이 자신을 지켜보고 있다는 것이 느껴졌던 것인지 선생님의 '공감' 표시를 보면 가희는 기분이 좋아졌다고 했다. 학교에서는 학급 친구들과 단체톡방을 만드는 것에 부정적이었기 때문에 이전부터 친하게 지냈던 친구들 외에는 카카오톡을 통한 대화를 나눌 기회도 없었다. 너무 기다렸던 1박 2일 수련회도 취소되었다. 무척 속상했던 가희는 자신의 5학년을 "망했다"라는 한마디로 표현했다.

고등학교 지리교사인 박 교사는 아이들의 이런 처지를 안타까워했다. 박 교사는 2020년에 1학년 담임을 맡았다. 자신의 반 학생들과 상담을 해 보니 고등학교에 와서 아이들의 친구관계가 거의 확장되지 않았다는 것을 알 수 있었다. 1학년이 다 끝나 갈 때까지도 중학교 때 친구, 학교 오고 갈 때 버스를 같이 타는 동네 친구 정도로만 친구관계가 형성되어 있었다. 이전에 지도했던 학생들과 비교해 보면 1학년 학생들의 친구관계가 현저히 좁아진 것이다. 심지어 한 학생은 박 교사에게 다음과 같은 고민을 털어놓았다고 한다.

선생님. 저는 엄마 아빠한테 고등학교 올라가면 평생 가는 친구를 만들 수 있다고 들었어요. 나는 여기서 정말 내 속내를 다 보여줄 수 있는 그런 친구를 만들기를 원했는데 고등학교 1년이 가도록 그런 친구를 못 만났어요. 앞으로 2, 3학년 지나면서 그런 친구를 만날 수 있을까요?

학교는 지식을 얻어 가는 곳이기도 하지만 관계를 만들어 가는 곳이다. 사실 어떤 아이들에게는 친구들과의 관계가 학교에 가는 유일한 이유인 경우도 있다. 특히 중·고등학교 시기는 발달단계상 친구들과의 관계에서 얻는 심리적 지지의 영향력이 다른 때에 비해 상대적으로 커지는 시기이다(Covington & Dray, 2002). 교사나 부모와의 관계에서 얻을 수 없는 것을 또래와의 관계에서 얻을 수 있기 때문이다.

각각의 관계가 제공하는 심리적 지원에는 차이가 있다. 예를 들어 부모의 지지는 자신이 가치로운 존재라는 든든한 심리적 토대를 형성한다. 그래서 부모의 심리적 지지를 충분히 느끼는 학생들은 경쟁 속에서 자신의 존재를 입증하는 데 연연하기보다는 자신이 좋아하는 것을 추구하고 스스로의 성장에 더 가치를 두는 경향이 있다. 반면, 교사의 지지는 학습에 대한 흥미를 불러일으키고 학업의 가치를 깨닫게 하는 역할을 한다.

이에 비해 또래 친구의 지지는 편안하게 자신을 표현하고 공통의 경험을 만들어 가도록 돕는다. 이 과정에서 학생들은 책임감과 소속감을 느끼고 사회생활에 필요한 사회적 기술이나 적응력을 습득하게 된다(Furman & Buhrmester, 1985). 다른 관계에 비해 '수평적'인 친구관계에서는 자신의 모습을 솔직히 표현하고 상대방을 있는 그대로 받아들이게 된다. 자신을 표현하는 것은 '자율적'이고 '창의적인 인간'의 대표적인 모습이라는 점에서 수평적이고 동등한 친구관계는 아이들의 성장에 중요한 역할을 한다.

2020년 5월이 되어서야 온라인 개학을 한 데다 동영상 수업과 화상 수업, 가끔 이루어지는 대면 수업 속에서 아이들은 선생님이나 반 친구들을 '싫어'하거나 '좋아'할 만큼 부대끼고 알아 갈 시간을 가지지 못했다. 타인과 함께 오랜 시간을 부대낀다는 것은 서로가 가지고 있는 많은 것이 교류되면서 세상, 타인, 자신을 이해하게 되는 통로를 제공해 준다. '친구가 없어요!'라는 아이들의 말은 코로나19가 아니었으면 누렸을 타인과의 교류와 그것을 통해서 얻었을 배움이 그만큼 줄었다는 것을 의미한다.

영상 속에서 수업을 하는 선생님, 화상 수업에서 화면으로 참여하는 같은 반 친구들, 화면으로 얼굴을 보고는 있지만 그 얼굴들이 말하고 싶어 하는 것을 '상상'할 수가 없었다. 함께한 시간, 공유하고 있는 기억들이 부족하기 때문이다. 서로 충분히 알지 못한 상태에서 이루어지는 수업, 그 속에서의 배움은 어떤 모습일까?

학생들을 모르니 동영상 찍기가 쉽지 않았어요

코로나19 상황으로 자신이 가르칠 학생들에 대해 알아 갈 충분한 시간 없이 비교적 오랜 기간 수업을 해야 했던 선생님들은 수업내용을 어떤 수준으로, 어느 정도의 속도로 가르쳐야 할지 감이 잡히지 않았다. 박 교사는 2020년 1학기, 얼굴 한 번 보지 못한 고등학교 1학년을 대상으로 동영상 수업을 촬영할 때의 어려움을 다음과 같이 말했다.

처음에 강의만 찍어서 올릴 때는 전혀 애들 반응을 알 수가 없잖아요? 반응을 알 수가 없으니까 지금 내가 찍고 있는 게 이게 제대로 하고 있는 건지, 정말 우리 학교 아이들 수준의 눈높이에 맞춰서 내가 지금 하는 건지 (알 수가 없었어요). 대충 해마다 해 왔던 게 있으면 "우리 학교 학생 수준은 이 정도일 거야"라는 기준이 생기는데 신입생이 들어오고 해가 갈리면 그게 달라지거든요. 아이들이 어느 정도의 성취를 하는지를 알 수가 없으니까 굉장히 답답했고요.

지난해에 가르쳤던 아이들이라면 그 아이들의 특성이나 수준을 생각하며 동영상을 구성할 수 있다. 그러나 얼굴이나 이름만으로 이해 수준이나 반응을 예측할 수 없는 신입생들의 경우, 동영상 수업을 어떤 기준으로 구성할지 갈피가 잡히지 않았다. 그럴 때, 교사들은 자신이 중요하다고 생각하는 내용을 '전달'하는 데 치중하게 된다. 초등학교 교사인 배 교사 역시 자신이 담임을 맡았던 5학년 학생들을 등교 수업에서 만나고 난 후 동영상 촬영이 훨씬 자연스러워졌다고 한다.

상상을 하는 거죠. 말하자면 아이들을 만나기 전에 만들었던 동영상은 불특정 다수를 대상으로 찍은 거나 다름없어요. 내가 누구에게 말을 하고 있는지 모르겠고. 제가 평소에 애들 가르칠 때 "누구는 이거 꼭 기억해. 누구는 이거 꼭 알아야 해" 하면서 개별적인 포인트를 줄 때가 있거든요. 아이들의 특성이나 성향 이런 걸 전혀 모르는 상태에서 하는 거라 그냥 내용만 쭉쭉 가는 거죠. 어떻게 보면 내용 짚는 것만 하는 거죠. 아이들을 만나고 나서는 내가 가르치는 대상이 내 마음 안에 가르치면서도 떠올라요. 우리 반 아이들의 모습이 떠오르면서 내가 대사는 하고 있지만, 그 아이한테 말하는 느낌으로 좀 더 자연스럽게 되죠. 아무래도.

학생들도 이런 교사의 상황을 마치 알고 있는 것처럼 반응했다. 중학교에 갓 입학해 선생님들과 면식이 없었던 태현이는 선생님이 교실에 계실 때는 학생들이 모르는 점을 이끌어 주고 학생들에게 맞춰서 수업해 주시는데, 그렇지 못하는 동영상 수업은 '딱딱하게' 느껴졌다고 했다. e학습터에서 EBS 동영상을 시청했던 초등학교 5학년 가희는 동영상 수업이 "와 닿지" 않는다고 했다. 가희는 자신에게 "지식을 나누어" 주는 측면에서는 동영상 수업의 선생님도 동일한 역할을 하지만, 왠지 동영상 수업에서 자신이 "그 지식을 받지 않는" 느낌이 든다고 했다. 고3 유빈이 역시 고3이 되어 처음 만났던 선생님들의 동영상 수업이 1, 2학년때부터 배웠던 선생님들의 동영상 수업과는 다르게 다가온다고 했다.

저희 3학년 때도 1, 2, 3학년 같이 올라온 선생님들이 (동영상) 녹화 수업하실 때는 재밌게 농담도 섞어서 하고, 저희를 잘 아니까 그렇게 해 주셨는데 확실히 그 차이가 나더라고요. 3학년 때 처음 만난 선생님들은 저희 수준도 확실히 잘 모르고 저희 속도도 얼마 정도 나가는지 잘 모르니까 진도를 너무 빨리 나가시는 거예요. 그게 약간 차이가 났던 것 같아요.

2020년 코로나19로 학생들을 충분히 알 기회를 얻지 못했던 교사들은 동영상 수업을 구성하는 것부터 쉽지 않았다. '학생들을 대하듯' 수업하기보다는 '진도'를 나가는 것에 집중할 수밖에 없었다. 동영상 수업이 잘 짜여 있을지라도 학생들에게 쉽게 '와 닿지' 않았다. 이러한 현상들은 배움이 이루어지기 위해 교사와 학생 간에 형성되어야 하는 관계의 토대가 무시하지 못할 수업의 요소라는 것을 말해 준다.

연결되어 있다는 느낌이 배움으로 한 발 내딛게 한다

중학교에 입학하면 교복을 입을 것이라는 기대에 부풀었던 태현은 난데없는 코로나19로 인해 자신이 좋아하는 등교 수업을 못하게 된 것이 무척 속이 상했다. 5월 첫 등교일은 '늦게 찾아온 3월' 같았다. 이미 친해져서 서로에게 '녹아들었'어야 할 시기에 이제 처음으로 얼굴을 마주하게 되다니. 서로의 얼굴도 모르고 두 달 동안 서로의 '존재'만 확인했던 시간들이 야속하게 느껴졌다. 7, 8월이 되어서야 비로소 반 친구들을 '충분히' 알게 된 느낌이었다. 등교 수업에서도 뭔가 삐걱거렸다. 태현이 표현에 의하면 수업에는 '친분'이라는 '윤활유'가 필요하다. 많은 논의를 해야 좋은 의견이 나오는데 서로를 잘 모르니 어색했고, 불편하다 보니 대충 의견을 주고받게 된다. 마스크도 한몫했다. 서로의 말이 잘 들리지 않아 답답해지면 서서히 다른 친구에게 맡기고 수업활동에서 '손을 놓는' 애들이 생겼다.

박 교사는 코로나19로 얼굴을 익힐 새도 없이 온라인 수업으로 만나게 된 고등학교 1학년 수업이 버겁게 느껴질 때가 많았다고 했다. 화상 수업에 들어오지 않거나 들어오더라도 수업에 집중하지 않는 학생들 때문이다.

반면, 2학년 한국지리수업에서의 상황은 전혀 다르다. 2학년들과는 1학년이었을 때 충분히 친해졌기 때문이다. 당시 박 교사는 수업에 집중을 하지 않거나 자신을 힘들게 했던 학생들과 시간을 내어 자장면을 먹기도 하고 카페에서 대화를 나누며 함께하는 시간을 가졌다고 한다. 코로나19로 화상 수업에서 만났을 때, 이 학생들은 시간에 맞추어서 수업에 들어오고 집중하려고 애쓰는 등 선생님에게 최대한 예의를 지키려고 노력했다고 한다. 그 학생들은 성적이 낮을 뿐 화상 수업에서 밝은 모습으로 참여하고 장난도 치고 스스럼없이 할 말을 했다.

그러나 고등학교 1학년과의 수업은 이러한 관계의 토대 없이 이루어졌기 때문에 수업 진행이 무척 어려웠다. 화상 수업 태도가 나쁜 학생들에게 자꾸 지적만 하게 되면서 학생들과 오해가 쌓이기도 했다. 다른 학생도 모니터 밑을 쳐다보는데 왜 자기만 지적하냐는 볼멘소리를 들어야 했다. 부모님도 학생 편을 들 때가 많았다. 부모님과도 관계가 형성될 시간이 없었기 때문이다.

새로운 것을 배우기 위해서는 '안전한' 환경이 필요하다. "조금 실수해도 괜찮아"라는 믿음이 없이는 학생들은 자신들의 생각과 느낌을 밖으로 드러내기 쉽지 않다. 나를 가르치는 선생님, 함께 배우는 친구들과 '연결'되어 있다는 느낌, '나'를 드러내도 내 모습을 인정해 주고 받아 주는 선생님과 친구들이 있을 때, 아이들은 수업에 들어올 마음이 생기고 입을 떼기 시작한다. 입을 떼다 보면 자신의 역할이 생기고 공부를 잘하지 못해도 수업에 참여할 만하고 수업이 즐거워진다.

'연결'되어 있다는 느낌, 안전하다는 느낌이 중요한 것은 수업에서 학생들의 머리와 가슴속에서 일어나는 일과 깊이 관련이 있기 때문이다. 학생 내면에서 작동되는 '학습'의 경로는 지식이나 정보를 처리하는 인지적인 측면으로만 이루어지지 않는다. 이와 더불어 수업 상황에서 '자아'가 안전하게 지켜질 수 있는지, 위협당하지 않는지를 판단하는 '안녕감well-being'의 경로가 쉴 새 없이 돌아간다(Boaekarts, 1993). 자신이 말하고 행동하는 것이 학급에서 받아들여지는지를 지속적으로 판단하면서 아이들은 '자신'을 보호하는 방향으로 행동한다. '자신'이 안전하다고 느낄 때 학습의 인지적 경로는 안녕감 경로의 방해를 받지 않으며 원활하게 작동한다.

그러나 수업에서 드러나는 자신의 모습이 어떻게 평가받을지 불안하거나 이전에 부정적인 평가가 누적되어 있을 때 학습의 안녕감 경로는 인지적 경로를 압도한다. 자아를 보호하기 위한 전략을 수립하기 위해 안녕감의 경로는 바쁘게 움직인다. 때로는 남들에게 좋은 평판을 얻기 위해 수업에 집중하고 참여하는 모습으로 드러날 수 있지만 때로는 자신이 이해하지 못하는 것을 드러내지 않기 위해서, 자신이 싫어하는 선생님의 권위를 인정하지 않는 모습을 보여주기 위해, 어떠한 활동에도 참여하지 않는 모습으로 나타날 수도 있다.

박 교사와 자장면을 먹으며 대화를 나누었던 학생들은 선생님이 자신을 존중한다는 것을 느꼈을 것이다. 그랬기 때문에 이 아이들은 학년이 바뀌고 화상 수업에서 박 교사를 만났을 때, 늦지 않게 수업에 들어오고 자신이 할 말을 편하게 할 수 있었다. 박 교사의 수업에서 자신이 '안전'하다고 여겼고 자신에게 믿음을 보여준 선생님의 마음을 상하게 하고 싶지 않았기 때문이다. 수업에서 자신이 안전하다고 여길 때 안녕감 경로는 지나치게 활성화되지 않으며, 이럴 때 비로소 아이들의 인지적 학습경로가 원활하게 작동되고 수업에 '집중'할 수 있게 되는 것이다.

코로나19로 인해 2020년 새로운 학급의 선생님과 친구들과 충분히 부대낄 시간이 없었던 학생들은 선생님이나 반 친구들과 '연결되어 있다'는 안전감의 토대가 형성되지 않은 상태에서 온라인 수업과 대면 수업을 듣게 되었다. 그럴 경우, 학생들이 선택하는 안녕감의 경로는 "눈에 띄지 않기, 말하지 않기, 몰래 딴짓하기"가 될 수도 있다. 자신을 충분히 알지 못하는 선생님이나 반 친구들에게 자신의 모습을 보여주는 것, 생각과 감정을 말하는 것이 어떻게 받아들여질지 모르기 때문이다. 표현하고 공유하지 않을 때, 수업에서 일어나는 풍부한 교류와 소통, 그로 인한 배움과 성장은 더딜 수밖에 없다.

수업, 교사-수업내용-학생의 '다층적 대화'

교사와 학생 간 관계의 토대 없이 촬영된 동영상 수업이나 화상 수업이 학생들의 마음에 닿지 않고 삐걱거린 것은 '학습'이 개인의 머릿속에서만 이루어지는 현상이 아니기 때문이다. 알고 보면 우리가 '습득'하는 것으로 여겼던 지식은 사람들이 지속적으로 참여하는 상호작용과 사회적 진행과정의 산물이다 (Burr, 2003). 어떻게 수업활동이 조직되느냐, 학생들이 어떻게 참여하느냐, 어떤 사람들과 수업을 듣느냐, 어떤 도구를 매개로 수업활동을 하느냐에 따라 수업내용은 다르게 경험된다. 학생들의 학습과 성장에 가장 도움이 되는 경험을 만들기 위해 이러한 고리들을 최적으로 연결시키는 것이 교사의 역할이다.

사토 마나부(2006)는 배움, 즉 학습이 "사물이나 사람이나 사항事項과 만나고 대화하는 행위이며, 타자의 사고나 감정과 만나고 대화하는 행위이고, 자기 자신과 만나고 대화하는 행위"라고 강조한다. 이러한 학습의 의미는 학생이 무엇인가를 배울 때 지식만 습득하는 것이 아니라 교사와 동료 친구와의 관계, 그리고 자신에 대한 지식도 재구성된다는 것을 가리킨다 (Brown, 1994). 학습의 이러한 의미에 비추어 본다면, 수업에서 학습이 일어나기 위해서는 학생들을 교육의 여러 요소(교과, 사물, 타인, 자아 등)와 연결시켜 주는 교사의 능력이 필요하다는 것을 알 수 있다. 이런 점에서 교사의 수업전문성은 '연계의 전문성'으로 표현될 수 있다(김민성, 2012).

코로나19 시기의 교육장면들은 이러한 연계들을 풍부하게 이루어 내는데 교사나 학생 모두 어려움을 겪고 있다는 것을 보여주었다. 초등학교 5학년을 맡았던 배 교사는 애써 만든 동영상 수업이 학생들에게는 마치 '공기'와 같았다고 토로하였다. 동일한 수업내용에 대한 학생들의 이해가 동영상 수업과 교실 수업에서 크게 차이가 났기 때문이다. 교실 수업에서처럼 수업 내용과 아이들을 연결시켜 주는 교사의 역할이 부재하기 때문인 것 같았다.

아이들이 등교할 때 뭐라 그러냐면 "선생님 직접 만나서 들으니까 이해되어요" 꼭 그래요. 분명히 똑같은 말을 동영상으로 분명히 정말 친절하게 가르치고 이렇게 다 짚어 줬는데도 수업에서 평가를 해 보면 1도 아는 게 없어요. 동영상 콘텐츠는 공기와 같아요. 아이들도 분명히 듣긴 들었는데 남아 있는 게 없다는 거예요…. 그게 교실에서는 대화하는 느낌. 뭔가 자기한테 말하는 느낌이 있는 거예요. 분명히 교실 내에서 25명의 아이들한테 내가 말을 한 번에 하는 거지만 아이들이 느끼기에는 일대일로 받아들이는 것 같아요. 자기한테 직접 대화하는. 근데 이게 동영상으로 들어와 버리는 순간 대화라기보다는 일방적인 것. 말하자면 그냥 들어야 하는 수업이 되어 버리죠.

배 교사는 수업내용과 학생들을 연결하는 교사의 역할을 '대화'라는 용어로 표현하였다. '대화'는 당사자들이 주체로 참여하여 서로의 행동이나 말에 반응할 때 성립되는 것이다 (Bakhtin, 1986). 교사의 수업이 '대화'로 다가온다는 것은 수업이 일방적이지 않고 교사가 학생의 반응을 토대로 수업을 진행해 간다는 것을 의미한다. 학생의 반응이 수업의 흐름을 형성해 가는 것을 경험할 때 학생들은 자신이 수업의 주체라고 여기고 책임감을 느끼며 수업에 참여하게 된다.

동영상 수업에서 학생들이 집중하기 힘들었던 것은 학생들의 주체적인 참여 없이도 수업이 흘러가기 때문이다. 당연히 수동적이 되기 쉽고 수업이 지루해진다. 화상 수업에서는 그나마 교사가 학생들의 반응을 보며 수업을 조절하고 학생들도 수업의 흐름을 만들어 가는 데 일조할 수 있었다. 그러나 학생들이 움직이며 만들어 내는 자연스러운 소리들이 화면을 통과하면 '소음'이 되어 버리고 인터넷 연결이 여의치 않아 '튕겨 나가는' 등 예기치 못한 문제들이 수업에서 학생의 참여를 방해하는 경우가 많았다.

수업내용과 학생을 연결하는 다양한 고리 중에 학생들이 서로에게 하는 역할도 상당하다. 학생들은 자신의 생각을 다른 학생의 생각과 연결해 보는 기회를 가질 때 수업내용을 더 깊이, 다각도에서 이해하게 된다. 다른 학생들이 하는 질문이나 반응을 보며 수업내용을 다시 점검하기도 하고, 그 학생으로 인해 자극을 받기도 한다. 다른 학생이 던진 질문으로 인해 재미있어진 수업을 경험하면서 자신도 그런 질문을 던져 볼까 하는 마음을 가지기도 한다. 고3 유빈이도 학생들의 반응이 없는 온라인 동영상 수업을 들으며 자신이 대면 수업을 왜 좋아했는지 그 이유를 알게 되었다고 한다.

학교 수업할 때, 반에서 활발한 애들이 수업에서 가끔 이상한 얘기 하면 가끔 짜증 나는 적도 있기는 했는데, 온라인 수업으로 지식만 들으니까 확실히 좀 재미가 없어요. 전달받는 지식은 현장 수업보다 많기는 한 것 같은데 일단은 듣는데 재미는 없었어요. 현장 수업 했을 때는 저도 몰랐는데 애들이 질문해서 저도 얻어 가는 것도 있고 그랬는데, 온라인 수업은 그런 게 하나도 없고 진짜 저 혼자 하는 공부니까 그전에는 학교가 그냥 지식을 배우는 수업이 중심이라고 생각을 했는데, 코로나 때는, 수업은 똑같이 듣는데 학교 가는 기분이 아니었어요. 친구들이랑 대화하고 같이 활동하고 상호작용을 하고 이러는 게 진짜 중요했구나, 그게 큰 역할이었구나를 〔알게 되었어요〕.

초등학생 가희나 중학생 태현이에게도 친구들과 맘껏 소통할 수 없는 동영상 수업이나 화상 수업이 "답답"하고 "너무 별로"였다. 수학이 어렵다는 가희는 교실 수업처럼 자연스럽게 친구들의 도움을 받을 수 없는 온라인 수업에서는 수학을 이해하기가 힘들다고 했다. 교실에서는 이해하지 못하는 부분이 있으면 선생님께 질문을 하고 친구들의 도움을 받게 되지만 화상 수업에서는 질문도 거의 하지 않게 되고 빨리 끝났으면 하는 마음만 생긴다고 했다. 말하는 것을 좋아해서 친구들과 어울려 하는 활동이 수업의 중요한 부분이라고 생각하는 태현이는 반복되는 동영상 시청, 과제 제출로 "코로나가 많이 미웠다"고 했다. 선생님과 친구들과 직접 만나서 이루어지는 교실 수업은 "어디로 어떻게 갈지 모르는" 하나의 모험이었다면 동영상과 과제만 '클릭'했던 온라인 수업은 태현이에게 따분한 '일상'처럼 느껴졌다.

> 선생님이 직접 설명해 주시고 서로 애들이랑 과제를 바꿔 가면서 채점도 하고 알려 주고… 저는 이러는 게 수업, 선생님이 가르쳐 주시는 것뿐만 아니라 애들하고 어울려서 공부하는 게 수업의 과정이라고 생각해요…. 발표를 하고 선생님이 그걸 들어 주고 다른 애들 얘기를 듣고 그걸 기록하고 거기서 질문할 걸 찾아내고 이걸 반복하면서 자신의 생각을 수업 속에서 찾아 나가는 게 교실 수업과 동영상 수업의 큰 차이점이라고 생각해요.

수업은 이처럼 수업내용을 매개로 교사와 학생을 연결하고 다른 학생들의 반응을 통해 수업내용에 대해 더 깊게 들어가 보는 경험을 제공한다. 이러한 연결 속에서 학생들은 자신이 무엇을 알고 모르는지, 어떤 것에 자극받는지를 경험하며 스스로에 대해서도 알게 된다. 유빈이가 말한 수업의 '재미', 태현이가 언급한 '모험' 같은 수업은 교사-수업내용-학생-자아의 이러한 연결들이 활발하게 일어날 때 느껴지는 것이다.

이는 수업 속에서 일어나는 '배움'이 얼마나 다층적인지를 드러낸다. 이러한 연결이 가능해지기 위해서는 교사와 학생, 학생과 학생들이 알아 가는 '시간'이 쌓여야 하고 서로 간의 '대화'가 가능한 수업 분위기가 조성되어야 한다. 이 '시간'과 '대화' 위에 생각과 느낌의 교류가 있고 그것을 함께 누림으로써 세계를 이해하는 서로의 방식을 음미하게 된다(사토 마나부, 2003). 서로를 알아 가는 충분한 시간이 쌓이지 않았고, 대화하기 힘들었던 코로나19 시기 교육의 장면들은 다층적인 연결과 배움이 일어나는 '수업'이 제대로 실현되기 어려운 환경이었다.

온라인 수업에서 새롭게 발견한 아이들

교사-수업내용-학생-자아의 연결은 수업에서 사용된 매체나 도구에 따라 달라진다. 코로나19 시기처럼 동영상이나 화상프로그램 같은 도구가 전면적으로 수업의 형태를 결정짓는 시기에서는 학생들이 수업 속에서 만들어 가는 배움의 모습들도 도구의 영향을 받을 수밖에 없다. 면담했던 초·중·고 학생들은 대부분 동영상 수업이나 화상 수업보다는 대면 수업인 교실 수업에서 다양한 연결의 경험을 한 것으로 보였다.

그러나 현장 교사들은 새로운 수업 형태인 화상 수업에서 빛나는 아이들을 종종 발견하였다. 고등학교에서 지리를 가르치는 박 교사는 교실 수업에서는 집중하는 것을 어려워했던 중위권 학생이 화상 수업에서는 50분 수업 내내 집중을 하는 경우를 자주 관찰하였다. 매체가 주는 흥미로움이 주된 원인인 것 같다고 아이들의 말을 빌어 이야기해 주었다.

불러 놓고 이야기를 해 보니까 컴퓨터로 하는 게 재밌대요. 줌으로 수업을 하다 보면 화면이 어쨌든 계속 바뀌고 채팅도 하고 구글클래스룸에 들어가서 학습지를 하다가 줌에서 발표하라 그럼 발표했다가 이렇게 하니까 본인이 좋아하는 컴퓨터 안에서 계속 움직이게 되잖아요? 모둠활동을 할 경우에 자료조사를 하고 구글문서에 바로바로 기재해서 올리고 하니까 그런 게 좀 더 재미도 있고 좋았다 하는 친구들도 사실 있었어요. 이런 학생들이 중위권 아이 중에서 한 반에 서너 명씩은 나왔고 그 아이들은 성적이 올랐어요.

비대면 수업의 요소들이 이렇게 전면적으로 도입되기 이전, 학계에서는 온라인상에서 이루어지는 교육과 학습현상을 연구하며 온라인 학습에서 상대적으로 두각을 나타내는 학생들이 있다는 연구결과를 제시하였다. 교실 수업에서 수동적인 학생들 중 일부가 온라인 게시판 활동에서는 적극적으로 수업에 참여한다는 내용이었다. 교실 수업에서처럼 즉각적으로 반응해야 하는 시간상의 제약이나 다른 사람의 직접적인 시선이 없기 때문에 차분하고 자유롭게 자신의 생각을 표현할 수 있다는 것이다(Smith et al., 2001). 어쩌면 학생들은 수업의 매 장면마다 다른 에너지와 학습동기를 가지고 수업에 임하고 있을지도 모른다. 우리가 미처 관찰하지 못했을 뿐이다.

매체에 따라 달라지는 학생들의 배움의 모습은 "매 학생, 매 학급, 매 순간의 학습이 서로 다르게 접근해야 할 대상"이라는 것을 말해 준다(Nachmanovitch, 1990). 코로나19가 우리에게 준 중요한 깨달음이다.

학력의 격차, 관계의 격차

2020년 7~8월 교육부가 실시한 설문조사에 참가한 초·중·고 교사 5만여 명 중 80% 이상이 코로나19 시기 '학생 간의 학습 격차가 커졌다'고 답하였다(최원영, 2020). 경기도교육원(이정연 외, 2020)에서 수행한 〈코로나19와 교육〉 조사에서는 가정의 경제수준에 따른 격차의 양상이 다양하게 나타났다. 경제수준이 낮을수록 원격 수업에 집중하기 어려운 장소에서 수업을 받는 경향이 높았으며, 부모의 즉각적인 학습지원이나 돌봄을 받지 못해 학습결손이 누적되거나 신체적·정신적 문제의 발생빈도도 높아지는 경향이 있었다.

박 교사 역시 자신이 가르친 고등학교 학생 중 중위권 일부가 코로나19 이전보다 성적이 떨어지는 것을 확인하였다. 언론의 보도처럼 하락 폭이 크다고 느끼지는 않았지만, 성적이 떨어진 중위권 학생들은 가정형편이 어려워 사교육 없이 학교교육에 의존했을 가능성이 크다고 했다. 등교 수업이 이루어지지 않는 상황에서 사교육을 받는 학생들은 그나마 학원 선생님이나 친구들을 접할 기회를 가진다. 박 교사는 학원에서 공부를 얼마나 하느냐와 별개로 타인으로부터 자극을 받는 그 자체가 아이들의 학습동기에 영향을 미쳤을 것으로 생각하였다. 코로나19 시기 사교육을 받지 않는다는 것은 가정의 경제적 어려움, 부모의 돌봄과 지원의 공백을 의미할뿐 아니라 타인과의 관계에서 얻는 자극의 부재, 그로 인한 자기관리의 부족까지 연결되는 것이다.

박 교사는 가정의 지원과 관심이 부족한 중위권이나 하위권 학생들에게 학교의 역할이 중요했다는 것을 코로나19로 체감하였다.

학교를 나오면 어쨌든 간에 수업에 몰입하지 않을 때에는 선생님이 옆에 가서 "왜 그러냐. 일어나. 자세도 반듯이 해라" 이런 식으로 했을 것이고. 어쨌든 이 아이는 학교에 남아서 야간자율학습을 했을 아이거든요. 하위권 애들은 거의 자발적으로 본인이 클릭해서 동영상을 본 경우는 거의 없다고 봐야 할 것 같아요. 특히 아침에 1, 2교시 수업인 경우는 거의 자느라고 이 아이들 깨우는 게 정말 힘들었어요. 담임선생님도 그렇고 교과 선생님들도 그렇고. 그냥 정해져 있어요. 어느 반에 누구, 누구, 누구. 이렇게 자고 있다. 선생님 눈앞에 있으면 "이번 시간에 뭐 요거 하나만 알고 가자" 그런 거라도 하니까요. 근데 이제 집에 부모님도 안 계시고 본인 혼자 있으면 얘가 그냥 종일 자는 거예요. 그런 경우도 있어요.

고3인 유빈이도 코로나19 시기 선생님과 친구들로부터 도움과 자극을 받을 수 없었다는 것이 학력격차를 벌인 하나의 중요한 요인일 것이라고 생각했다. 학교 다니면서 일상적으로 받았던 선생님의 응원과 따끔한 조언, 다른 친구들의 도움이 부재했던 시기를 경험하면서 자기관리나 시험공부가 학생 개인의 의지만으로 가능한 것이 아니라는 것을 알게 되었다.

학습격차가 벌어진다고 얘기를 하는데, 그건 확실히 학교에서 교실에서 듣는 수업이랑 온라인 수업이랑 차이가 있어서 그런 것도 있기는 하겠지만, 그것보다는 선생님이랑 관계가 형성 안 돼서 그런 게 큰 것 같아요. 다니면서 보니까, 학교를 가면 담임선생님이 옆에서 계속 응원을 해 주시거나 따끔하게 조인도 해 주시고 야간자율학습도 강제로 하게 하고. 그렇게 하니까 애들도 더 열심히 하는 것도 있어요. 선생님을 좋아하고 그러니까요. 약간 학교에서 관리가 되니까 좀 괜찮은데, 아예 집에 있으면 [동영상 수업을] 안 들어버리니까, 이건 진짜 저 혼자 고립돼서 아무 관계도 없이 수업 듣다 보니 거기서 전달력이나 그런 게 차이가 나는 것 같아요.

그전에는 학교에 오면은 이해 안 가는 게 있으면 쉬는 시간에 친구들끼리도 물어보고 막 그렇게 하는데. 그런 게 아예 없으니까 [코로나19 시기에) 시험을 봤는데 아예 하나도 모르는 상태에서 시험 보는 애들도 많아진 것 같아요. 친구들끼리 서로 물어보면 얻어 가는 것도 있는데 그런 것도 하나도 안 되니까. 선생님한테 가기 전에 일차적으로 애들한테 서로 얘기 많이 하고 선생님한테 물어보기 어려워하는 애들이 있어서 친구들끼리 많이 얘기해 보고 그렇게 하는데 그게 아예 안 되었어요.

코로나19 이전에도 학력격차는 존재하였다. 가정의 경제적 배경과 부모의 지원에 따른 학습기회의 차이가 가장 우선적인 원인으로 언급되었다(김위정, 2020). 그렇다면 코로나19로 벌어진 학력격차는 어떤 점에서 이전의 그것과 다른 것일까? 먼저 전면적인 비대면 교육이 일으킨 학력격차에 주목하여야 한다. 앞서 다각적으로 살펴보았듯이 선생님과 친구들과의 상호작용과 소통이 힘든 동영상 수업이나 화상 수업에서는 학생들의 집중을 끌어내고 서로가 자극이 되어 수업에 참여하게 만드는 '관계의 동력'이 부족했다. 부모님의 지원과 관심을 충분히 받는 학생들은 이러한 결핍이 주는 영향이 상대적으로 적을 수 있지만, 그렇지 못한 학생들에게는 학교에서 맺었던 관계에서 얻는 지지와 자극의 결핍이 학습을 지속하는 데 큰 어려움을 주었을 것이다.

다음으로 이러한 비대면 교육에 참여하는 공간이 가정이라는 것이 학력격차의 주요한 원인이 될 수 있다. 미국이나 서구 사회가 주목했던 '여름방학 학습손실summer learning gap'현상(Alexander, Entwisle, & Olson, 2007)에서 드러나듯이 가정에서 머무는 시간이 길수록 가정배경이 학생의 학력에 미치는 영향은 커지며, 학교에서 보내는 시간은 이러한 격차를 완화하는 데 기여한다. 이는 가정에서 행해지는 비대면 학습 기간이 길어질수록 학생의 배움과 성장에서 학교교육의 공적 역할은 약화되고 일상생활의 사적인 영역의 영향력이 강화된다는 것을 의미한다(권순정, 2020).

공교육에서 이루어지는 교육이 '평등'할 수 있는 것은 학교라는 공간이 학생의 사적 일상의 영향력, 즉 가정배경이나 부모의 영향력과 분리되어 공평하게 배움의 기회를 제공하는 것에서 비롯된다. 하지만 가정이라는 공간에서 온라인으로 이루어지는 학습행위는 어디까지 공교육일 수 있으며 얼마큼 평등할 수 있을까?

앞으로 코로나19와 같은 상황이 또다시 닥쳤을 때, 가정배경과 부모의 지원이라는 사적인 관계의 격차를 좁힐 공교육에서의 관계의 자원은 어떤 형태로 제공되어야 할 것인가? 이전부터 우리 교육의 난제로 존재해 왔지만, 코로나19와 더불어 새로운 모습으로 우리 앞에 닥친 과제가 되었다.

코로나로 발견하게 된 학교에서의 배움들: '사이'에서 일어나는 배움

코로나19는 학교에서 일어나는 다양한 배움들, 누군가와의 '사이'에서 일어나는 배움의 다양한 모습을 새롭게 발견하는 계기가 되었다. 먼저 우리가 개인의 능력이나 특성으로 생각했던 것들이 상당 부분 타인과의 관계 속에서 형성되는 '사회적인' 성격을 가지고 있다는 것을 알게 되었다. 예를 들어 '집중력', '끈기', '학습동기'와 관련하여 그것을 '소유'한 학생과 부족한 학생으로 평가하기 쉽지 않다는 것이다.

앞서 소개한 초등학생 가희는 e학습터에서 영상을 시청할 때 영상을 잘 보지 않고 손만 만지작거리거나 누워 있을 때가 많았다. 그러나 등교 수업에서는 선생님이 종을 '땡땡땡' 치거나 학생들의 주의를 집중하는 다양한 방법을 사용해서 어렵지 않게 수업을 따라갈 수 있었다. 초등학생을 가르치는 배 교사도 교사나 친구들과의 상호작용이나 자극 없이 초등학생이 20분이 넘는 동영상을 혼자서 듣는 것을 기대하는 것은 "말이 안되는" 일이라고 언급하였다.

자기주도적으로 학습하는 능력이 있다고 스스로 생각하는 고3 유빈이도 자율학습에서 친구의 모습을 보며 공부에 대한 자극을 받았다. 코로나19로 자율학습을 못하게 된 시기 동안 유빈이는 자신의 공부시간을 공개하는 앱인 '열품타'를 활용하여 익명의 고3들과 공부시간을 비교하며 공부의 동력을 얻었다고 한다.

타인의 존재는 자신감의 원천이 되기도 한다. 초등교사인 배 교사는 자신의 반 학생들이 미술 수업을 할 때 다른 친구들이 만드는 것을 보며 아이디어도 얻고 다른 친구들 과제와 비교하며 자신감을 얻는 것을 관찰하였다. 반면 온라인 수업에서는 자신에 대한 정보를 얻을 비교 대상 없이 자기 과제만 하고 게시판에 제출하면 수업활동이 끝나 버린다. 자신감, 자부심, 행복과 같은 정서는 '비교 정서'이다. 과거의 자신이나 타인과의 비교를 통해 느끼는 정서인 것이다.

비교에는 세 가지 유형이 있다. 유사한 수준과의 비교similarity comparison는 자신에 대한 정보를 가장 많이 제공한다. 자신보다

낮은 수준과의 비교downward comparison는 특히 위협적인 상황에서 자존감을 보호하기 위한 심리적 보호전략으로 활용되기도 한다. 자신보다 나은 수준과의 비교upward comparision는 자신이 더 성장하기 위해 필요한 것이 무엇인지를 파악하도록 해 준다(Wood, Taylor, Lichtman, 1985). 이처럼 각각의 비교는 나름의 장점을 가지고 있다. 비교의 잣대가 일률적이지만 않다면(이를테면 성적), 비교는 개인의 성장과 삶의 질을 향상시키는 데 중요한 정보를 제공한다.

비대면 수업이 확산되면서 자기주도학습력의 중요성이 더욱 강조되고 있지만, 과연 자기주도학습력이라는 것을 학생 혼자 힘으로 기를 수 있는 것일까? 스스로 자극을 만들어 가며 자신을 독려하는 보기 드문 능력을 가진 학생도 있을 것이다. 그러나 대부분의 학생들은 가희나 유빈이처럼 수업에 집중하고 끈기 있게 학습을 지속하기 위해 선생님이나 친구와 같은 타인의 존재가 필요하다. 타인과의 존재를 충분히 느낄 수 없었던 비대면 교육에서 학생들은 집중력, 동기, 자부심이나 자신감 같은 정의적 자원들을 얻는 데 어려움을 겪은 것으로 보인다.

학교에서 생활하며 중요하게 배우는 것으로 타인의 마음을 읽고 그 마음을 헤아리는 능력인 '사회적 사고'를 들 수 있다. 사회적 사고는 타인의 행동이나 생각을 관찰하면서 이면에 드러나지 않는 의도나 목적을 읽어 내거나 타인의 상황에 공감하는 과정을 가리킨다. 사회적 사고는 '사회적 존재'인 인간이 타인과 더불어 살아가기 위해 필요한 인성과 시민성의 근간을 이룬다. 사회적 사고가 건강하게 형성되기 위해서는 많은 경험 속에서 타인이 왜 그렇게 행동하는지에 대한 이유나 결과를 관찰할 수 있어야 한다(Lieberman, 2013).

학교교육은 일상생활에서 접할 수 없는 다양한 사회적 쟁점이나 중요한 주제를 다루고 다양한 행사나 활동의 기회를 제공한다. 학생들은 이러한 활동에 참여하면서 다른 사람들의 행동과 생각 이면에 담긴 의도나 이유를 관찰하고 공감하는 것을 배운다. 사회적 사고가 의미 있는 방식으로 작동할 수 있도록 자료를 제공하는 역할을 하는 것이다.

사회적 사고는 타인과의 부대낌 속에서 계발되는 것이지만 코로나19로 학교는 교육보다 방역을 우선에 두었기 때문에 학생들이 가까이 앉는 것조차 허락하지 않았다. 배 교사가 재직하는 학교에서는 아이들이 동아리, 체험학습, 축제, 오케스트라 등의 활동에 참여하면서 자신들만의 이야기를 만들고 유대감을 형성해 갔다고 한다. 코로나 시기에 이 모든 행사들이 취소되었고, 아이들이 학교에서 할 수 있는 것은 자기 자리에 앉아서 수업을 듣는 것뿐이었다. 함께 뭔가를 만들고 꾸려 보는 경험을 전혀 하지 못한 것이다. 중학교에서 도덕을 가르치는 강 교사도 아이들이 학교에서 부대끼고 싸우면서 알게 모르게 타인의 마음을 읽고 공감하는 법, 공동체 속에서 살아가는 법을 배웠는데 그럴 기회를 가질 수 없는 팬데믹 상황을 안타까워했다.

교육 공공재로서 관계, 연결, 그리고 상호작용

우리나라의 거의 모든 교사와 학생들이 전면적으로 경험하게 된 비대면 교육으로 우리는 팬데믹의 재난 상황이 아니라도 비대면 교육이 필요한 장면과 대상을 목격하였고 앞으로의 교육을 상상할 수 있었다. 친구들과 대화하며 서로 돕는 활발한 수업을 기다리는 가희와 태현이도 코로나19와 같은 전염병이 언제든지 다시 자신들의 일상을 덮을 것이라는 우울한 미래를 받아들이고 있었다. 그때 비대면 수업이 계속된다면 "슬프지만. 어쩔 수 없죠. 적응해야죠"라고 수긍한다.

코로나 이후의 교육을 말하다: 관계

내가 면담했던 교사들은 코로나19가 종식되어도 온라인과 연결된 교실 수업을 하게 될 것이라고 말했다. 학생들이 온라인을 통해 미리 수업내용을 접하고 교실에서 그와 관련된 활동을 하는 거꾸로 수업이 이제는 학생들이나 자신에게도 자연스럽게 받아들여질 것 같다고 한다. 학생들끼리의 모둠활동도 실시간 화상프로그램으로 충분히 가능해졌다. 어른들보다도 바쁜 스케줄을 가진 학생들이 굳이 물리적으로 모이지 않아도 화상으로 모둠과제에 대해 논의하고 제출하는 것이 이제는 더 현실적인 방안이다.

그러나 앞서 교사와 학생들의 비대면 교육의 경험에서 알 수 있듯이 온라인으로 이루어지는 교육의 성공여부는 "대면한 시간을 얼마나 알차게 보내는가"와 연결되어 있다. 대면 시간에 쌓아 두었던 신뢰의 두께, 서로의 생각과 감정을 공유한 시간들이 온라인에서 이루어지는 다른 방식의 소통과 교류의 마중물 역할을 했다. 온라인이라는 다른 장면에서 관찰한 서로의 모습 또한 교실의 만남을 풍성하게 만들어 줄 자원이다. 결국 대면·비대면에서의 시간 속에서 교사와 학생, 학생과 학생이 어떻게 만나고 교류하는가는 대면과 비대면의 조합으로 이루어질 미래교육의 질을 결정하는 주요한 요인이 될 것이다.

'교육'을 말할 때, 그동안 우리는 교육내용과 그 내용을 가르치는 교사에 주목해 왔다. 교육의 본질이 가치 있는 내용(교과지식)을 교사가 잘 가르치는 것에 있다고 생각한 것이다. 그러나 교육은 교사의 가르침만으로도, 학생의 학습만으로도, 완결될 수 없는 상호의존적이고 상호호혜적인 관계적 양상을 총체적으로 지칭하는 것이다(조용환, 2001).

교사가 학생을 존중하고 학생 하나하나에 관심을 가지며 그들의 성장가능성을 신뢰할 때 학생은 자신들이 받아들여지고 있다는 안전함을 느끼며 학습과정에 몰입한다. 교사가 수업에서 보여주는 열정은 학생들로 하여금 교과내용의 가치를 느끼게 만들어 수업에 동기를 부여한다. 수업에서 교사와 학생, 학생과 학생이 서로에게 귀 기울이고 반응하는 대화적 상호작용 속에서 학생들은 수업내용뿐 아니라 자신과 타인에 대해서도 알아가는, 다른 차원의 배움을 경험하게 된다. 그리고 학생들이 수업에 몰입하고 성장하는 모습을 보며 교사는 자신의 가르침이 헛되지 않았다는 것을 확인하고 더 나은 교사가 되고 싶다는 마음을 가지는 계기로 작동한다(김민성, 2016).

교사와 학생이 서로 성장하도록 이끄는 이러한 '교육적 관계'는 학교가 제공해야 할 가치 있는 '교육'의 모습이다. 학교는 학생의 개인적·사회적·경제적 배경과 무관하게 평등한 상태에서 배움을 경험하도록 공공재로서의 지식, 기술, 기회와 자원을 제공하는 역할을 해야 하는 공적 기관(권순정, 2020)이다. 공적 기관인 학교에서 교사와 학생, 학생과 학생 간의 '교육적 관계'는 모든 학생이 누려야 할 '공공재'의 지위를 가져야 한다. '교육적 관계'는 학생이 '경험하는 교육'의 질을 결정짓는 핵심적인 요소이며 교사-수업내용-학생 자신-타인의 연계를 풍부하게 이루어 내는 조건이 되기 때문이다.

코로나19로 흩어져 있었던 교사와 학생들은 자신들이 연결되어 있었던 수업의 경험이 어떤 것이었는지 뒤늦게 발견하였다. 교사들은 자신의 수업이 학생들의 존재에 의존하고 있었다는 것, 자신들이 학생에게 했던 자그만 손짓, 눈짓이 학생들이 수업을 이해하는 데 꽤 중요한 역할을 했다는 것을 기억했다. 코로나19 시기 학생들에게 주지 못한 것들이 너무나 많았다. 학생도 마찬가지다. 동영상 수업을 들으며 교실 수업에서 선생님이 자신들의 기분이나 상태를 살피며 수업을 조절했다는 것, 다른 친구들과의 상호작용, 선생님과 학생들이 주고받은 대화들, 학교의 여러 행사가 자신을 어떻게 자극하고 행동하게 했는지 깨달았다.

팬데믹 시기를 겪으면서 이루어졌던 이러한 발견과 깨달음들이 바래지기 전에 학교교육이 제공해야 할 '교육'이 무엇이어야 하는지에 대한 고민이 깊어졌으면 한다. 교육의 주체들이 서로 신뢰하고 귀 기울이는 관계 속에서 만들어 갔던 교육의 경험이 간절해진 만큼 수업에서의 관계와 상호작용이 빚어내는 교육의 모습에 더 주목했으면 좋겠다. 비대면 수업에서 확대되었던 학력격차가 학생 개개인의 자기주도력 부족이 아닌 관계와 지원의 격차에서 상당 부분 비롯되었던 것을 상기하자. 대면과 비대면의 다양한 조합으로 이루어질 미래교육에서 우리가 더욱 신경 써야 할 부분은 누가, 무엇을 가르치냐보다는 누구와 함께 어떠한 관계 속에서 가르치고 배우냐가 될 것이다.

코로나 이후의 교육을 말하다: 관계

제2장

'언택트' 사회에서 다시 짚어 보는 교육의 본질과 교사의 역할

— 새로운 학교교육의 방향을 찾아서

곽덕주

학교에 대한 새로운 인식과 그 풍경

무엇이든 우리가 당연하게 받아들여 온 것의 가치는 한 번 호되게 잃어버리고 나면 비로소 우리의 의식 수면 위에 떠오른다. 그 상실의 순간에야 과거 한 번도 해 본 적 없었던 방식으로 그것을 되돌아보게 되며, 불현듯 그것의 의미를 깨닫게 되는 것이다. 작년 초 코로나19 대유행으로 학교가 멈추어섰다. 그간 학교에서 아이들과 정신없이 시간을 보냈던 교사들은 방

• 이 글의 쌍둥이글이 《교육의 본질을 찾아서》(교육과학사, 2020)에 실려 있다. 이 책을 읽고 더 깊이 있는 학술적 탐구를 원하는 독자가 있다면, 《교육의 본질을 찾아서》의 9장을 읽어 보길 바란다.

학이 아닌데도 아이들이 없는 학교에 출근해서 무엇을 어떻게 해야 할지 모르는 혼란의 시간을 보냈다. 그리고 점차 비대면 온라인 수업을 준비하기 위해 디지털 플랫폼에 기술적으로 익숙해지는, 두렵고도 서투른 시간을 보냈다.

돌이켜보면 교사들에게 이것은 한편으로는 예기치 못한 새로운 환경에 우왕좌왕 적응해야 하는 시기이기도 했지만 다른 한편으로, 이제까지 학교에서 아이들과 바쁘게 살아왔던 지난 시간의 일상을 되돌아보고 무엇 때문에 자신들이 그렇게 여유 없이 생활해 왔는지 그간 해 온 일들의 의미를 냉정하게 되돌아보는 시간이기도 했다. 그때까지 '학교중심 시간'으로 자신의 삶의 일정이 꽉 메꾸어져 왔던 교사들에게 다른 식으로는 결코 직면하지 못했을 교육에 대한 근본적인 질문을 몸소 던지는 아주 낯선 시간이었을 것이다. 아래에서는 최근 있었던 몇몇 교사들과의 면담 가운데 우리 모두에게 성찰을 불러일으킬 만한 생각의 조각을 들여다보며, 교육의 교육다움, 교사의 교사다움의 의미를 다시 짚어 볼 이 글을 열어 보고자 한다.

먼저 한 교사가 코로나19 팬데믹 아래에서의 학교생활을 묘사하다가 무심코 던진 말, 그러나 다소 충격적으로 들렸던 다음 말로 시작해 보자. 그것은 바로 "어, 학교 문이 닫혀도 사회가 잘 돌아가네"였다. 이 짧은 한마디는 학교에 대한 우리의 기존 가정이나 인식에 대해 뭔가를 말해 주는 것처럼 보인다.

첫째, 이 말에는 학교라는 곳이 사회의 근간을 이루는 아주 중요한 기관이라는 가정이 깔려 있다. 우리 사회의 만 6세부터 만 18세까지 모든 아이들이 학교라는 공간에서 자신의 인생 중 12년이라는 시간을 보낸다. 그리고 이 아이들의 교육을 맡은 수많은 교사와 학교 직원, 그리고 학교라는 기관 때문에 생계를 유지할 수 있는 외부 업체나 다른 기관의 사람들을 떠올려 보자. 이렇게 많은 사람들이 연루되어 있는 곳인데도 불구하고, 학교 문이 닫혔을 때 사회가 문제없이 돌아갔다는 것이다. 그러면 코로나19 이전까지 학교라는 기관은 도대체 사회에서 어떤 기능과 역할을 해 온 것인가? 그저 잉여적 역할일 뿐이었던가? 코로나19와 같은 비상 상황에서 학교는 결국 그 역할과 기능을 다른 사설 기관이나 과학기술에 의존함으로써 마치 대체될 수 있는 것처럼 보였기 때문이다. 과장해서 말하면 학교는 이제 굳이 모두가 다녀야 할 공적 기관이나 공간으로 이해될 필요가 없지 않나 하는 불안이 엄습했다.

둘째, 이러한 불안과 더불어 이 말을 한 교사는 학교에 대한 또 다른 감정을 드러냈다. 학교에서 매일 주어진 시간표에 따라 수업을 하면서 아이들과 아웅다웅해 온 것, 즉 교실이라는 공간에서 학생들을 만나 많은 시간을 같이 보내는 너무나도 당연하고 자연스럽게 반복되던 그 일상이 얼마나 '특별한' 일상이었나 하는 것을 (역설적으로) 깨달으며 화들짝 놀란 것 같이 보인다. 이것은 우리 모두에게 반세기 넘게 안정적으로 지속되어 온 지극히 익숙한 학교라는 일상이, 전쟁이나 전염병 대유행과 같은 비상 시기가 아닌 평화 시에만 누릴 수 있는 '인위적인' 시간이었다는 것을 발견한 것이다. 수업이라는 것도 학교 건물 속 교실이라는 공간에서 반드시 이루어질 필요가 없었다는 사실을 발견하며 우리의 오랜 교육 실천 방식의 '우연성'을 깨닫게 된 것이기도 하다.

그러나 또 다른 각도에서 보면, 근대의 학교라는 공간은 비록 인위적이기는 하지만, 어른 세대인 교사 집단과 어린 세대인 아이들이 그들 삶의 대부분을 보내기 위해 매일 거기에 들어와 거주하며, 실제 각자가 갖고 있는 학교에 대한 기대가 무엇이든, 모종의 규칙과 규범에 따르는 상호 공유하는 삶의 양식을 나누는 곳이기도 하다. 이런 의미에서 코로나19가 잦아들어 아이들이 학교로 완전히 복귀할 때 다시 회복될 학교의 일상은 이제 우리 교사들에게 이전과는 좀 더 다른 의미로 다가

오고 또 새롭게 상상될 수 있지 않을까 싶다. 이미 또 다른 교사들은 코로나 이후의 학교에 대한 얘기를 시작하고 있었다. 이러한 측면을 더 들어보자.

그중 하나가 학교의 '돌봄' 역할에 대한 교사 인식의 전환이다. 한 교사에 따르면, 이제까지 학교에서 돌봄교실은 교사들에게 부담스러운 회피 대상이었다. 학교 수업과 별 상관이 없고 사회적 요구에 의해 부과된 얹어진 과업이라는 인식이 팽배해 있었다. 그러나 코로나19 사태를 겪으면서, 그리고 학교가 문을 닫는 시간을 경험하면서, 앞선 세대와 어린 세대가 매일 같은 공간에 들어와 일상을 공유하는 학교생활을 하나의 고유한 삶의 양식으로 바라볼 수 있게 되면서, 같이 수업하고 밥을 먹고 공부하고 생활하는 학교의 삶의 양식 속에 돌봄도 고스란히 포함된다는 것을 깨달았다. 이전까지 '돌봄'은 결혼 여성의 사회 진출이라는 사회 변화에 따라 학교가 떠안게 된 교육외적인 기능으로서 교사가 아닌 사람들이 학교에 들어와서 별도로 수행되어야 할 것이라는 생각이 지배적이었다. 그러나 이제는 '돌봄'이 앞선 세대가 책임지도록 되어 있는 교육적 활동의 연장선상에서 어린 세대가 함께 거주하는 학교라는 공간 내 실천적 삶의 양식의 일부로서 다루어질 필요가 있다는 것을 깨닫게 되었다.

디지털 교육 자원이나 기기 환경에 대한 교사들의 인식도 많이 바뀌었다. 코로나19 이전 교사들은 디지털 기술이나 환경에 대한 막연한 두려움과 적개심으로, 그것을 무조건 거부하는 정서적 편견이 있었다. 그러나 코로나19로 불가피하게 이러한 자원과 환경에 익숙해지지 않을 수 없게 되면서, 막연히 부정적으로만 대했던 온라인 수업이나 자원들의 교육적 유용성에 열린 시각을 가지게 되었고, 그 결과 대면 수업과 비대면 수업의 장단점 모두에 대해 더욱 자유롭게 생각할 수 있게 되었다는 것이다. 코로나19 이전에는 너무 빠르게 돌아가는 세상의 흐름에 마음과 몸이 묶여 그 압박으로 이리저리 휘둘렸다면, 코로나19를 거치며 점차 새로운 것을 실질적으로 해낼 수 있게 되면서, 교육적 관점에서 어느 것이 더 중요하고 덜 중요한지에 대한 판단과 문제의식도 갖게 되었다.

하지만 또 다른 도전도 도드라지게 부각되는 것 같다. 그것은 바로 비대면 실시간 수업에서 화면을 통해 아이들의 얼굴을 보는 낯설음과 더불어, 아이들 화면 뒤에 알게 모르게 존재하고 있을 학부모의 시선이 학교교육에 함의하는 바와 관련이 있다. 이 시선은 책무성의 이름으로 교사가 감당해 내어야 하는 것이기는 하지만, 교사 자신의 수행이 학부모의 시선에 완전히 노출됨으로써 교사들이 아이들과 온전히 자유롭게 만나 뭔가를 같이 시도하는 일에, 모종의 심리적 제약을 가할 위험도 있다.

한 교사에 따르면, 작년 코로나19가 전국 단위로 퍼지기 전에 지역 학교에서는 학교 사정에 따라 자율적으로 학교의 문을 열어야 한다는 교사들의 목소리가 있었다고 한다. 그러나 아이들의 안전에 대한 학부모의 불안으로 반대가 심했고, 문제가 생기면 학교가 책임을 지겠느냐며 학교를 개방하고자 한 교사들의 열망을 좌절시켰다는 것이다. 그 교사에 따르면, 많은 교사들이 학교를 '아이들과의 만남의 장'으로서 특별한 의미의 '공적' 공간으로 간주한다면, 대개 학부모들은 학교를 학부모와 아이들의 '사적' 욕구에 봉사해야 할 기관으로 본다는 것이다.

교육주체로서 교사와 학부모 간의 이러한 갈등은 교사와 학생의 갈등과 더불어 최근 우리 사회 공교육의 위상을 악화시키는 경향이 있다. 그리고 코로나19 시대를 거치며 우리는 공교육기관으로서 학교의 교육적 역할에 대해 근본적인 재점검의 필요에 직면할지 모른다. 특히 비대면 수업이 전면화되면서, '교육'을 '학습'으로 대체하려는 최근 담론이 목소리를 내고 있

코로나 이후의 교육을 말하다: 본질

다(김경애 외, 2020). 미래 학교의 교사는 이제 더 이상 가르치려고 하기보다는 아이들의 학습 관리에 자신의 역할을 제한하거나 조정할 필요가 있다는 것이다.

학교의 교육적 역할의 복원은 '교육'이라는 인간적 실천의 본질을 어떻게 이해할 것인가, 그리고 이 실천에 늘 따라다녀야 할 '교육적 관점'이란 어떠한 것인가를 이해하는 문제와 밀접한 관련이 있다. 이러한 문제들이 어느 정도 명료화될 때, 교육기관으로서 학교가 가지는 공적 역할의 복원은 희망적인 가능성으로 남아 있을 수 있다. 그러면 우리가 오랫동안 이해해 온 교육이라는 실천적 영위란 어떠한 것이며 그리하여 '교육'이라는 이름으로 학교의 교사가 아이들과 관계할 때 '반드시' 책임져야 할 역할은 무엇인가?

이 글은 이 두 가지 질문에 초점을 두되, 특히 '교육적 실천'의 관점에서 논의해 볼 것이다. 이것은 코로나19가 우리 사회에 앞당긴 교육적 환경의 급진적 변화에도 불구하고 상대적으로 변하지 말아야 할 교육의 핵심적 개념이나 실천은 무엇인지를 우리에게 알려 줌으로써 역설적으로 변화하는 사회에 발맞추어 변화해야 할 학교교육의 실천들, 즉 바뀌어도 되는 학교교육의 실천들을 더 명료하게 드러내어 줄 것이다. 학교의 교육적 역할을 복원하고자 하는 어떤 시도도 교육적 실천 방식에서의 변화를 꼭 거부할 필요는 없다. 오히려 그것은 방향성 있는 변화의 비전을 제공함으로써 교육 실천 방식에서의 혁신을 더욱 강하게 추동할 수 있을 것이다.

'교육'이라는 실천적 영위의 고유한 특성을 이해하기 위한 본격적 논의를 시작하기 전에 최근 몇십 년 동안 우리 사회에서 당연하게 받아들여지기 시작한 학교교육에 대한 몇 가지 전제 혹은 통념을 살펴보고, 이것에 의문을 제기해 보고자 한다. 이것은 이어지는 논의를 우리 사회 속에 맥락화시키는 데에 도움을 줄 것이다.

질문해 보아야 할 학교교육에 대한 우리의 통념들

우리는 현장 교육에서 자주 '교육은 (효과적인) 의사소통의 문제'라고 전제하는 경향이 있다. 이 생각은 교육의 핵심적 역할을 지식 전달로 보는 근대적 관점과 내적으로 연결되어 있다. 그리하여 교사의 역할은 정확하고 효과적으로 학생들에게 지식을 전달하는 것으로 여겨진다. 교육을 공학적으로 접근하는 태도는 바로 여기에서 나온다. 주어진 지식 내용을 많은 이들

코로나 이후의 교육을 말하다: 본질

에게 정확하고 효과적으로 전달하는 것이 교육의 핵심적인 과제이기 때문에, 교육적 활동은 기본적으로 지식을 더 많이 소유한 자가 지식을 더 적게 소유한 자에게 그 지식을 전달하는 의사소통의 문제라는 것이다. 이 통념은 교육에서의 객관주의적 지식관과 연결되어 있다. 학교에서 배우는 지식이란 세계를 '재현하는' 객관적인 진리이기 때문에 그 진리를 모든 학생에게 골고루 정확하고 효과적으로 전달하는 것은 보편적 교육 실천에서 중요한 것으로 간주된다. 모두가 진리의 혜택을 평등하게 누릴 자격이 있기 때문이다.

인식론적으로 말할 때에도, '사실'이 있고 그 사실에 대한 '참'을 판단할 수 있는 기준이 있으므로, 참으로 판명된 지식을 더 많이 소유하고 또 더 잘 소유하는 방법을 아는 자가 그렇지 않은 자에게 그것을 나누고 소통해야 한다는 생각이 따라 나온다. 교육을 이러한 투명한 언어적 '의사소통communication'의 문제로 보는 관점은 독일의 철학자 발터 베냐민Walter Benjamine에 따르면 언어의 본래적 성격을 무시하고 그것을 순전히 메시지 전달 위주의 '도구적인 것'으로 보는 지극히 편협한 부르조아적인 언어관에서 나오는 것이다(2008: 84-85). 물론 교육에서 언어란 중요하며 어떤 의미에서 교육은 전적으로 언어 학습의 문제라고 말하는 사람도 있을 것이다. 다만 이때 '언어'란 어떤 의미의 언어를 말하는지 생각해 볼 필요가 있다. 말과 글이라는 기호적 의미의 언어도 있지만, 몸짓과 표정과 같은 행위로서의 언어도 있기 때문이다.

한편, 교육이 메시지 전달과 같이 전적으로 '직접적인' 의사소통의 문제라고까지 말할 수는 없다 하더라도 교육에서 교사와 학생 간의 '소통'은 여전히 중요한 것으로 보인다. 여기서 우리가 물어야 할 것은 교육 활동에 고유한 소통이란 어떠한 것이며, 그 소통의 구체적 방식은 무엇인가이다. 이것은 별도의 장이 요청될 정도로 중요하고 또 구체적인 논의가 필요한 주제이다.

다만 한 가지 분명한 것은 오늘날 교육적 맥락에서 일차적으로 요청되는 성격의 언어는, 앞서 언급한 동일한 내용과 메시지를 전제하는 언어, 그리고 이것의 정확하고 효과적인 전달을 위한 도구로서의 언어는 아닌 것으로 보인다. 오히려 공식적 교육과정 뒤에 숨겨진 교육과정을 '읽어 낼' 줄 알고, 교실에서 펼쳐지는 아이들의 몸을 통한 '표현'을 눈치채고 지각할줄 알며, 교사 자신의 생각이나 느낌을 아이들이 알아들을 수 있는 말로 '번역'할 줄 안다고 말할 때 가정되는 그러한 성격의 언어가 요청된다. 이것은 표현적이고 해석적이며 불투명한 성격의 언어로서, 베냐민이 언어의 본래적 성격이라고 부르는 것이다.

두 번째로 우리는 교육, 특히 학교교육이란 아이들로 하여금 '집단적 의미'를 생성하고 '집단적 학습'에 참여하도록 하는 것이라는 통념을 가지고 있다. 이것은 정치적으로 보수적 입장을 취하든 진보적 입장을 취하든 상관없이, 보편적 교육 이념을 지향하는 근대 교육이 당연히 받아들이는 통념이기도 하다. 크게 보면 교육을 기본적으로 '사회화'의 일종으로 보는 관점과 연결되어 있다.

보수적 입장에서 교육은 미래 세대로 하여금 기존 사회의 규범 질서 및 문화적 가치를 내면화하여 그 질서를 상대적으로 안정되게 지속하도록 하는 것에 그 역할이 있다고 본다. 이것은 문화유산으로의 입문이라는 의미에서의 사회화를 교육의 핵심 역할로 보는 것이다.

이에 비해 진보적 입장에서는 교육을 미래 세대로 하여금 기존 규범의 질서에 거리를 두고 비판적으로 사고하도록 함으로써 우리 사회의 질서나 규범을 새롭게 변화시킬 수 있는 사회적 기능에 그 역할이 있다고 본다. 교육의 목적을 민주시민의 양성이라고 보는 견해가 여기에 속한다. 어느 입장이든 교육은 기본적으로 미래 세대를 통해 사회 질서를 재생산하거나 그것을 변화시키는 실천, 즉 집단적 의미를 학습하는 실천적 영위이다.

물론 교육이 사회적 맥락 속에서 일어나고 기존 사회 질서나 규범과의 관계 안에서 그 성격이 결정된다는 점에서 교육의 사회적인 성격이나 집단적인 기능을 전적으로 무시하거나 부정하는 것은 어리석다. 우리는 언제나 주어진 특정 사회적 조건, 어떤 계층 문화 속에서 태어나고 그리하여 그 조건에 의해 크게 제한을 받기도 하지만 혜택을 입기도 한다.

다만 교육의 사회적 성격과 기능이 곧 교육 자체의 성격과 목적을 규정해야 한다고 생각하는 것은 지극히 근대적인 사고의 산물이다. 서구에서 '근대'는 인간과 사회의 관계에 대해 이전과는 완전히 다른 새로운 발상으로 등장하였다. 이때 새로운 발상이란 이른바 '계몽주의'라고 불리는 근대적 정신의 발상을 가리키는 것으로서, 18세기 프랑스 혁명 정신이 대변하듯이 사회의 존재 방식을 인간이 스스로 생각해서 완전히 새롭게 만든다는 아주 급진적인 발상이다(Rorty, 1989: 3).

서구 문명사에서 14세기부터 시작된 르네상스 시대는 바로 이러한 인간, 즉 오늘날 우리가 자유주의적인 시각에서 받아들이는 이러한 근대적 '인간'이 새롭게 발견된 시대이다. 프랑스 혁명을 거치며 계속 이어져 내려온 이 근대적 생각은 새로운 사회 질서를 인간 자신의 손으로 만들어 내는 사회 운동으로 이어지고 있다. 그리고 이것은 사회 개혁과 변화를 교육프로그램식으로 기획하고 계획하는 우리의 근대적 통념의 한 흐름을 형성해 왔다. 과학혁명을 통해서든 사회혁명을 통해서든, 교육을 이러한 혁명에 봉사하는 사회적 기획으로 생각하는 것은 근대적 교육 의식의 핵심을 구성해 왔다. 즉 근대적 교육 의식은 기본적으로 인간을 인류적 규모로 개조하려는 야심을 가지고 있으며 이것의 실현을 위해 새롭게 역할을 부여받고 등장한 것이 바로 보편 교육이념에 기초한 근대 학교교육 제도라고 말할 수 있다.

그러나 이러한 근대 교육의 이념 및 의식에 비판적 태도를 취하는 유럽의 교육철학자 거트 비에스타(Gert Biesta, 2010: 19-20)는 오늘날 학교 제도의 역할을 다음 세 가지로 기술한다. 자격화qualification, 사회화socialization 그리고 개별화subjectification or individuation가 그것이다. 즉 학교는 미래 사회 구성원들의 경제적 역할을 지원하고 분배하기 위한 '자격화'의 역할, 사회 구성원들의 사회 및 정치적 역할을 위한 규범과 가치의 내면화를 위한 '사회화' 역할, 그리고 개인으로서 자신의 삶을 살 수 있는 역량을 키우기 위한 '개별화'의 목적을 동시에 실행하는 경향이 있다는 것이다.

비에스타는 미래 학교가 앞의 두 가지 역할을 전적으로 거부할 수는 없다고 하더라도 세 번째 역할에 집중해야 한다고 주장한다. 여기서 개별화란 오늘날과 같은 다원적 가치의 사회에서 아이들이 자신의 삶을 '스스로', 그리고 타자와의 차이에도 불구하고 '더불어' 공존하며 살아낼 수 있는 힘을 갖게 하는 것, 다원성 속에서도 자신의 존재론적 유일성과 고유성을 추구하는 '행위자 주체성$_{agency}$'을 갖게 하는 것을 말한다.

셋째, 우리는 자주 '교육'을 '학습'과 동일한 것이라는 통념에 빠진다. 교육은 학생들의 학습을 전제로 실행되는 인간적 실천이자 영위이다. 그러므로 교육에서 교사가 아니라 '학생', 교수$_{teaching}$보다는 '학습$_{learning}$'에 초점을 두어야 한다는 생각은 크게 문제가 되지 않는다.

지식 전달 입시 위주의 교육에 치우친 우리나라 근대 학교 교육에 대한 비판으로서 1990년대 열린교육 운동과 같은 아동 중심 교육관을 취하는 진보적 교육 운동, 교육중심 사회에서 학습중심 사회로의 전환을 강조하는 평생교육담론(조상식, 2012: 112), 그리고 1997년 제7차 국가교육과정 개정에서부터 본격적으로 시작된 구성주의적 교육담론 등은 우리나라에서 학습중심 담론을 주도하며 지난 20여 년간 교육 현장에 꾸준히 영향을 미치고 있다. 이것은 학생의 학습에서 자발성을 무시하는 지나친 형식주의적 지식 교육에 대한 비판으로서 우리 사회에서 어느 정도 타당성을 인정받을 만한 교육적 흐름임에 틀림없다.

그러나 교육에서 중요한 것은 학생들의 학습이기 때문에 교사는 더 이상 가르치려고 해서는 안 된다든가, 오로지 학생의 학습 관점, 특히 이들의 학습 관리라는 관점으로만 교육을 보아야 한다는 등의 주장은 지나칠 뿐만 아니라 교육을 오도할 위험도 있다. '교육'은 학습과 다르며 학습에 의해서만 규정될 수도 또 규정되어서도 안 되기 때문이다.

그러면 교육은 학습과 어떻게 다른가? 자세한 논의는 뒤에서 이어지겠지만, 한 가지만 간략하게 말하면 '교육'은 학습할 때처럼 혼자 하는 것이 아니라 관계적인 성격의 영위라는 점이다. 특히 성인 세대와 어린 세대 간의 상호 침투적인 관계에 깊이 연루된다. 그렇다면 혼자 하는 학습을 넘어선 '집단적' 학습은 곧 교육이라고 할 수 있는가? 여전히 그렇지 않다. 교육이 학생의 학습에 관심을 갖는 것은 맞지만 모든 종류의 학습에 관심을 갖는다고 말할 수는 없고, 여기서 집단적인 성격의 학습이 결정적인 것은 아니기 때문이다. 교육은 모든 종류의 학습이 아니라 특별한 종류의 학습에 관심을 갖는다. 그러면 교육은 어떠한 종류의 학습에 관심을 갖는가? 이후 논의될 이 질문에 대한 답이야말로 한 활동이 교육인지 아닌지를 구분하는 기준이 될 수 있다.

마지막으로, 교사가 학생들의 동료 학습자이거나 학생 학습의 '촉진자'여야 한다는, 최근 많은 힘을 얻고 있는 통념이다. 앞서 언급된 학습주의 교육관에서 자연스럽게 따라오는 생각으로서, 교사는 이제 학생들에게 무엇인가를 가르치려 하지 말고, 학생이 자신의 학습을 주도하고 책임지는 것을 도와주고 안내하고 관리하는 촉진자의 역할에 머물러야 한다는 것이다. 그리고 교사 자신도 또 다른 학습의 주체로서 배우려는 태도로 학생과 함께 배우는 존재가 되어야 한다는 것이다.

교사도 학생과 마찬가지로 학습의 주체라는 것에 이견을 달 사람은 별로 없다. 그러나 '학생과의 관계'라는 구도가 중요한 교육적 활동에서 교사가 학생과 다름없는 또 하나의 학습 주체라고 말하는 것은, 교육이라는 영위의 고유성을 보지 못하게 할 위험이 있다. 교육에서 교사는 학생과 동일한 것을 지향하고 동일한 것을 학습하기 위해 그 자리에 있는 것이 아니다. '교사'는 한나 아렌트의 말처럼(Arendt, 2005: 263), 성인 세대의 한 사람으로서 우리 삶에서 권위를 부여하고 싶은 것이 무엇인지, 또 세계를 어떻게 사랑할 것인지를 아이들 앞에 보임으로써 권위와 책임을 동시에 떠안는 자로서 교육에 참여하는 자라고 말할 수 있을지 모른다.

지금까지 우리는 교육에 대한 네 가지 통념, 즉 교육은 직접적인 의사소통의 문제라는 통념, 교육은 집단적 의미의 생성이라는 통념, 교육은 곧 학습과 동일하다는 통념, 그리고 교사는 단지 학생의 학습을 촉진하는 자라는 통념에 대해 살펴보았다. 이 네 가지 통념은 현재 우리 사회에서 꽤 널리 퍼져 있고 또 널리 퍼지고 있는 통념이다. 특히 작년부터 시작된 코로나19의 유행으로 학교교육이 일상적이지 않은 방식으로 이루어짐에 따라 더욱더 강화되는 경향이 있다.

그러나 그것은 근대 학교교육을 정당화하는 보수주의적 입장 즉 교육은 지식 전달을 핵심으로 하는 '사회화'라든가, 혹은 진보주의 입장 즉 교육은 아이들의 타고난 개인적 재능이나 잠재력을 계발하는 '개성화하는 것'이라고 보는 데서 부분적으로 파생된 통념으로서, 코로나19 시대가 우리에게 요청하는 교육에 대한 새로운 사유를 위해서는 반드시 재고될 필요가 있는 전제들이다. 이제 이러한 전제들로부터 자유로운, 교육에 대한 새로운 이해로 나아가 보자.

'교육'이라는 인간적 실천에 대한 이해

교육에 대한 새로운 이해를 시작하는 한 가지 방법으로서 '교육'이라는 활동을 많은 사람들이 동의할 수 있는 최소한의 규정, 즉 '교육은 가르침과 배움이 일어나는 실천적 영위다'라는 규정으로부터 출발해 보자. 그리고 이 실천적 영위에 본질적이고 고유한 어떤 특징을 찾는 데 집중해 보자.

그러면 그렇게 규정된 교육, 즉 가르침과 배움의 실천적 영위로서의 교육을 어떻게 이해해야 할까? 오늘날 교육철학자들은 교육에 대한 적극적 정의, 다시 말하면 '교육은 이러저러한 이상을 추구해야 한다'고 진술하는 규범적, 당위적 정의 방식을 피하는 경향이 있다. 그러한 방식으로 교육을 정의하는 것은 교육에 대해 사유하는 데에 별로 유용하지도 않고 사람들에게 큰 호소력도 없다. 우리가 다양하고 상이한 가치의 추구를 허용하는 다원적 사회에 살고 있기 때문이다.

다른 한편, 비록 모든 이가 동의할 수 있는 한 가지 지배적인 보편적 가치를 교육의 당위적 목적으로 설정하거나 추구할 수는 없다고 하더라도 교육이라는 실천에서 가치 지향의 속성을 배제하거나 포기하기란 어렵다. 교육이라는 실천은 그 성격상 언제나 가치 지향성을 가진다는 말이다. 그리하여 비록 교육에 대한 규범적 정의나 목적이 지극히 논쟁적일 수밖에 없는 가치 다원주의 시대에 살고 있지만, 그럼에도 불구하고 가치를 지향하지 않는 실천을 교육이라고 말할 수 없다는 사실은, 가치에 대한 논의가 교육학에서 완전히 사라질 수도 또 사라져서도 안 된다는 것을 말해 준다.

그러나 교육이나 교육 활동을 그것이 당위적으로 추구해야 하는 가치나 이상의 관점에서 규정하거나 이해하지 않고 다르게 이해할 수 있는 방법은 없을까? 우리는 여기서 '교육이란 누군가가 의도적으로 타자의 학습을 조직화하려는 것'이라는 일본의 교육학자 히로타 데루유키의 정의를 따라가 보고자 한다(廣田照幸, 2009). 그의 정의는 교육을 '가르침과 배움의 실천적 영위'라는 최소한의 기술적_{descriptive} 규정으로부터는 한 발

더 나아가지만, 추구하는 가치가 무엇이든 상관없이 많은 사람들이 동의할 수 있는 정의 방식을 취하는 것으로 보인다. 이 정의가 유용한 이유는 이것이 우리를 교육이라는 실천적 활동의 존재론적ontological 조건으로 안내하기 때문이다. 여기서 존재론적 조건이라는 것은 '가르침과 배움의 실천적 영위'로서 교육이라는 실천을 '가능하게 하는 조건'을 말한다. 그리하여 우리가 이 조건을 명료화할 때, 우리는 교육이 할 수 있는 것과 할 수 없는 것에 대해 좀 더 명확하게 이해할 수 있다.

물론 누군가는 교육이 할 수 있는 것과 할 수 없는 것을 명료하게 이해하는 것이 왜 중요한가라고 또 다시 물을 수 있다. 그러나 이것을 명료화할 수 있을 때 우리는 비로소 교육에 대한 사유 및 실천에서 모종의 진전을 이룰 수 있다. 예를 들어 우리는 자주 "한 나라의 교육의 질은 그 나라 교사의 질에 달려 있다"는 말을 한다. 교육에서 교사의 중요성을 강조한 말이고, 이것은 아무리 강조해도 지나치지 않다. 하지만 이것이 다른 외적 원인들에 의해 초래된 다양한 사회적·정치적·경제적 문제를 교육 만능주의 혹은 교사 만능주의로 해결하려는 우리의 집단적 주문을 알게 모르게 표현하는 것이라면 정당하지 않다.

코로나 이후의 교육을 말하다: 본질

우리는 자주 사회나 정치의 문제를 순전히 학교교육의 실천으로 해결하려고 하거나 그럴 수 있다고 생각하고, 가정이나 가족의 문제를 순전히 교사의 헌신을 통해 해결하려는 사회 풍토를 접한다. 이러한 생각이나 풍토는 경계해야 하고 또 검토될 필요가 있다. 그리고 우리가 그러한 풍토를 경계해야 하는 합당한 이유를 교육이라는 활동이 지닌 존재론적 조건을 살펴봄으로써, 그리하여 교육이 할 수 있는 것과 할 수 없는 것을 명료화해 봄으로써 구할 수 있을지 모른다.

그리하여 히로타 데루유키는 교육을 정의할 때 '교육은 좋은 것'이라는 전제를 버리고 교육이라는 말을 무미건조하게 '교육이란 누군가가 의도적으로 타자의 학습을 조직화하려는 것'으로 정의하자고 제안한다. 이 정의에 따르면, 모종의 기준에 비추어 좋은 교육과 나쁜 교육이 모두 있을 수 있다. 정확하게 말하면, 좋은 교육이 있을 수 있고, 그저 그런 교육, 나쁜 교육이라는 편차가 있을 수 있다.

이것은 교육이란 이러저러해야 한다는 기대나 원망을 가능한 한 버린 채 무미건조하게 혹은 기술적descriptively으로 정의한 것으로서, 이 정의에 따르면 주위 환경으로부터 부지불식간에 배우는 학습은 교육에 포함되지 않는다. 다만 아동의 환경을 부모나 교사가 교육적 의도에 입각해 준비하려는 경우, 그것은 교육이 될 것이다. 아동이 자발적으로 주위 환경으로부터 학습한다 해도 거기에는 부모나 교사의 주도면밀한 배려가 작동하고 있기 때문에 교육이라고 말할 수 있을 것이다(廣田照幸, 2009: 9).

이러한 히로타 데루유키의 교육에 대한 정의는 "가르침과 배움의 실천적 영위다"라는 정의보다는 좀 더 적극적이지만, 교육이 추구해야 할 적극적인 목적이나 가치를 내포하고 있지 않다는 점에서는 소극적이다. 다만, 학습과는 구분되는 교육의 특징으로서 부모든 교사든 성인 세대가 어린 세대의 학습을 의도적으로 조직화하는 것은 교육에 포함된다고 말한다. 그러면 이제 이 정의가 함의하는 교육의 존재론적 조건을 하나하나 살펴보자.

먼저 이 정의에 따르면, 교육은 "주위 환경으로부터 부지불식간에 배운다"는 의미의 학습을 그 안에 포함하지 않는다. 교육은 자신이 아닌 누군가에 대해 어떤 학습을 하게 하려는 것이므로 교육하려는 쪽의 교육에는 늘 교육되는 쪽의 학습이 상정되어 있다. 그래서 교육에는 학습이 전제되지만 학습은 반드시 교육을 전제하지 않는다. 즉 교육을 통하지 않고도 학습은 가능하다. 사랑하는 사람을 잃는 경험에서 우리는 많은 것을 배운다. 그렇지만 '교육을 위해' 우리가 사랑에 실패하는 것은 아니다. 누군가 자전거 타는 법을 가르쳐 주지 않았지만 나는 자전거를 탈 줄 안다. 남을 따라 하며 스스로 배운 것이다. 즉 타자가 개입하는 교육이 없어도 우리는 학습을 할 수 있다. 히로타 데루유키는 교육과 학습의 결정적 차이가 바로 여기에 있다고 말한다(2009: 9-10).

학습이 개인 내부에서 일어나는 사건인데 반해, 교육은 타자에 대한 작용이다. 그리하여 교육에서 (혼자 하는) 학습만을 강조할 경우, 그것은 역설적으로 (타자에 대한 작용으로서) 교육의 불필요성으로 치달을 가능성이 높다. 그뿐만 아니라 학습과 관련하여 여기서 우리가 눈치챌 수 있는 것은 학습에는 '다양한 수준과 양태'가 있다는 것이다. 사랑의 상처를 통한 학습과 자전거 학습은 완전히 다른 두 가지 양태의 학습이다. 이러한 학습이 우리가 살아가면서 좋은 삶, 그리고 건강한 인간이 되는 데에 매우 중요할 수 있지만, 우리가 좋은 인간이 되는 데 기여하는 모든 학습이 교육의 관심은 아니다.

그러면 교육이 관심을 가지는 학습은 어떠한 학습인가? 히로타 데루유키에 의하면 그것은 우선 '누군가에 의해 타자에게 의도된' 학습이다. 그리고 이때 누군가란 주로 성인 세대로서 부모나 교사를 가리키고 타자란 아동을 말한다. 그리하여 교육을 "누군가가 의도적으로 타자의 학습을 조직화"하는 것이라고 할 때 주목해야 할 두 번째 핵심 논점은 그것이 바로 의도된 것이라는 점, 그리고 '타자'가 개입된다는 점이다. 즉, 교육은 '타자에 대해' 이루어지는 '의도된' 행위이다.

교육은 (선의에서라고 하더라도) 특정 의도를 가지고 타자의 삶에 개입하고 간섭하려고 하는 행위를 그 본질적 성격으로 하기 때문에, 의도치 않지만 불가피하게 권력성과 억압, 통제와 밀접하게 관련된다. 그리하여 고대 아테네의 아고라와 시장에서 자신이 만난 이런저런 사람들에게 질문을 던지며 이들로 하여금 자신의 무지를 자각하도록 하고자 한 소크라테스는 아테네 시민들의 분노와 미움을 사서 결국 정치적 희생양으로 사형당하였다. 이런 이유로 타자의 삶에 개입하는 교육은 신중하고 조심스러워야 한다.

한편, 성인 세대가 어린 세대에게 뭔가를 '의도하는 것'을 핵심적 특징으로 하는 교육은, 그것이 타자에게 무엇인가를 의도한다는 점에서, (의도치 않은) 권력이나 통제의 문제와 별도로, 그 활동 자체에 내재한 어려움을 가질 수밖에 없다. 그것

코로나 이후의 교육을 말하다: 본질

은 (교사인) 나와는 독립된 타자인 인간을 다루는 문제이기 때문에 그 타자인 인간들이 내가 의도한 대로 되기도 어렵지만, 동시에 새롭게 탄생할 인간을 다루는 교육이라는 과업에서 이들이 내가 의도한 대로 되어서도 안 되기 때문이다. 바로 여기에 교육이라는 실천 자체의 내적 어려움과 복잡성이 있다. 이것이 무슨 뜻인지 좀 더 살펴보자.

'교육'이라는 활동의 비극적 성격

교육을 받는 이는 현재 눈앞에서 실행되고 있는 교육을 현실적으로 간과하거나 무시할 수 있다. 교육은 행해지지만 학습이 일어나지 않는 상태로 교육하는 이의 의도가 실현되지 않는 경우이다. 우리가 교육을 받는 이로서든 교육을 하는 이로서든 자주 경험하는 것이다. 수업 중에 떠들거나 졸거나 하는 식으로 눈에 보이는 경우도 있고, 교사 쪽으로 몸은 향하면서도 멍하니 딴 생각을 한다든가 하는 식으로 교육하는 이에게 지각되지 않는 경우도 있다.

　교육은 기본적으로 타자를 대상으로 행해지기 때문에 그 타자가 교육하는 쪽의 의도대로 배워줄지 여부는 미리 정해져 있지 않다. 즉 교육을 받는 이의 학습을 전적으로 교육하는 자의 통제하에 두는 것은 거의 불가능하다. 사실 어떻게 하면 교육자가 생각하는 것과 동일한 학습을 타자가 해 주는가 하는 것, '교육한다'를 '학습한다'와 연결시키기 위해 교사가 무엇을 어떻게 하면 좋은가에 대한 고집스런 모색이야말로 근대 교육학 전개에서 과학적 접근의 원류가 되었다(廣田照幸, 2009: 10).

다른 한편, 근대 교육의 위기를 깊이 있게 진단한 한나 아렌트가 말하는 것처럼, 교육의 본질은 새로 태어날 세대의 탄생성natality에 있고, 이 새로운 세대의 탄생성의 고유한 특징은 이들이 이미 존재하는 세계 속에 태어난다는 사실에도 있지만, 동시에 그 세계에 새로움을 가져다 주는 힘이기도 하다는 점에 있다(Arendt, 2005: 237). 그리하여 아렌트에 따르면, 교육의 역할은 아이들의 탄생성, 즉 새로운 것을 가져오는 아이들의 에너지를 이미 존재하는 세계가 훼손하지 않도록 하면서도, 동시에 이미 존재하는 세계의 세계성으로부터 미래 세대가 혜택을 입을 수 있도록 이들에 의해 이 세계가 황폐화되지도 않도록 하는 데에도 있다(Arendt, 2005: 250-251).

그러므로 교육받아야 할 타자인 아동은 교육하는 자와는 다른 인격과 배경을 가진 사람이기 때문에, 교육이 미래 세대를 향해 겨냥하는 학습이 의도한 대로 일어나리라고 기대하는 것은 근대적 맥락의 교육에 맞지도 않을 뿐만 아니라 심지어 반反 교육적이라고까지 말할 수 있다. 교육은 무엇인가를 의도하는 것이지만, 교육하는 자가 의도한 대로 아이들이 배우는 것이 아니라 오히려 교육자가 예견할 수 없는 방식으로 이들이 새로운 것을 가지고 오도록 되어 있는 것이라고까지 말할 수 있을 것이다.

그렇다면 '타자에 대한 작용'을 핵심으로 하는 교육이라는 실천에는 세 번째 핵심적 특징으로 근본적인 불확실성이 존재한다고 말할 수 있다(廣田照幸, 2009: 40). 교육받는 이는 늘 의도된 교육을 간과하거나 이탈할 자유를 갖고 있다. 예를 들어 학창시절 교과서를 설명하는 교사의 이야기는 귀에 들어오지 않고, 집에 두고 온 강아지를 떠올린다든가, 교사 목에 걸린 액세서리 문양이 참 특이하다고 생각하는 것과 같은 사념에 빠진 적은 누구에게나 있을 것이다.

이뿐만 아니라 교육을 받는 이는 교육하는 이가 의도한 것과는 전혀 다른 것을 배울 가능성도 있다. 교사가 열심히 설명한 것을 잘못 이해하는 경우가 있는 것이다. X라는 학자의 이론이 왜 의미 있는 이론인가를 그 이론이 비판하고 극복한 다른 이론 Y와의 관계에서 열심히 설명했으나, 기말고사 답지에는 X라는 이론이 있고 Y라는 이론이 있으며 둘 다 중요하다는 식으로 적어 놓은 것을 발견할 때가 바로 그 경우이다. 혹은 교사가 생각지도 않은 것을 교육받는 이가 제멋대로 배워 버리는 경우도 있다. X라는 학자의 이론을 설명하고 그것이 왜 그 분야에서 의미 있는 이론인가를 설명하였으나, 그 학자가 남성이기 때문에 그런 이론을 만들었고 또 인정받은 것이라고 적어 놓은 기말고사 답지를 만날 때도 있다. 외부환경으로부터 오는 정보를 교육하는 쪽이 의도한 것과는 다른 문맥에서 처리해 버리는 경우이다.

또한 교육의 작용은 상대와 상대의 상태에 따라 전혀 다른 결과를 초래하기도 한다. 무심한 교사의 한마디가 학생 마음에 깊은 상처를 주는 경우도 있고, 거꾸로 교사가 그다지 의식하지 않은 채 내뱉고는 이미 잊어버린 한마디에 학생이 감명받아 훗날까지 기억하는 경우도 우리는 자주 경험한다. 교사의 의도와는 무관하게 그런 일이 일어나는 것이다. 이러한 무수한 경우에서 확인되듯이, 교육을 "'타자의' 학습을 의도적으로 조직화하는 것"이라고 할 경우 교육에는 필연적으로 실패가 따른다. 즉 교육은 실패를 그 본질적 특징으로 한다고 말할 수 있다.

그리하여 우리는 교사의 교육적 행위는 그 의도로 인해 '교육'으로 간주되는 것이지 그 결과로 교육인가 아닌가가 판정되는 것은 아니라고 말해야 할지도 모른다. 교육자의 의도대로 언제나 타자인 학생이 배우는 것은 아니기 때문이다. 학생에게는 교사가 내뱉는 말은 외부의 환경에 지나지 않을 수 있고, 교육은 실제 행해 보지 않으면 알 수 없는 것이기도 하다. 여기서 우리는 교육을 생각할 때 교육이라는 작용이 지닌 의도와 현실에서 얻을 수 있는 결과의 효과는 별개의 것이라는 점을 인정하지 않을 수 없다. 히로타 데루유키는 이 지점에서 독일의 두 학자 브레진카Wolfgang Brezinka와 루만Niklas Luhman의 말을 인용하며, 이것을 교육적 실천에 내재한 '비극성' 혹은 본질적 '부정성'이라 불렀다.

브레진카에 따르면, 교육 활동은 실행을 포함하고, 어떤 것을 실행하려 시도하는 사람이 아무리 열심히 해도 반드시 성과를 내는 것은 아니며 실행의 결과는 실행 자체의 밖에 있는 다양한 요인과 관련된다. 결국, 교육은 세계 전체가 거들어야 성공을 기대할 수 있다. 따라서 교육 활동 자체는 성과가 없는 것이라고까지 말할 수 있을지 모른다. 그리고 이런 의미에서 어떤 것을 실행한다는 것은 감히 실패한다는 것을 의미한다고 말한다. 어떤 행위를 교육이라 표현하는 것은 결코 그로 인해 행위의 목표가 달성된다는 것을 예고하지 않는다. 목표가 달성되지 않아도, 즉 성과가 없다고 해도 이 때문에 그 행위를 교육으로 부르는 것이 오류로 판명되는 것은 결코 아니라는 것이다 (2009: 42, 재인용).

루만 또한 교육시스템은 작동에 의해 해소할 수 없는 부정성과 씨름할 수밖에 없다고 말한다. 인간을 대상으로 교육적 작동을 적용하는 경우에 성공할지 실패할지 말할 수 없는 불확실성을 제거하는 것은 거의 불가능하다는 말이다. 그럼에도 우리가 교육을 계속 할 수 있는 이유는 무엇인가? 루만에 따르면, 그 이유는 성공을 자신의 능력 덕분으로 그리고 실패를 학생의 특수성 탓으로 돌리는 교사들의 자기중심성 때문이다 (2009: 42, 재인용).

이들 두 학자는 교육 활동이 그 결과와는 별개로 그 의도에 의해 규정된다는 사실에서 나오는 교육의 고유한 존재론적 특징을 모두 교육의 '비극성' 혹은 '부정성'으로 묘사한다. 그것은 왜일까? 아마도 그것은 그 결과를 보장할 수 없음에도 불구하고 교사는 교육을 멈출 수 없기 때문일 것이다. 즉 교육에서 가르침과 배움의 구조는 비극적인 방식으로 얽혀 있다. 교사의 가르침은 학생에게 배움이 일어나도록 하기 위해 모종의 의도적 활동을 기획하지만, 동시에 그 활동이 자신이 목적한 바를 확실하게 일어나게 할 것이라는 확신 없이, 혹은 그 불확실성만을 조건으로 이 일에 참여해야 한다는 데에 딜레마가 있다.

이 딜레마가 비극인 이유는 히로타 데루유키에 따르면, 이것이 고대 그리스 비극의 등장인물들과 동일한 구도에 처해 있다는 점에 있다(2009: 43). 비극의 주인공들처럼, 교육에는 모든 것을 꿰뚫어 보는 관객은 어디에도 존재하지 않는다. 교육자도 피교육자도 극 중의 등장인물처럼 각자가 무언가를 생각하면서 행위한다. 그러나 등장인물 중 어느 누구의 의도대로 결과가 실현되지 않는 것이다. 이상한 일로 서로 알게 된 두 사람이 실은 어릴 때 생이별한 형제였지만, 두 사람은 그것을 모르고 있다. 그럼에도 야단법석 끝에 형제라는 것이 우연히 판명되어 어떤 비극적, 혹은 희극적 결말을 맞이한다는 식의 전개이다.

교육에서도 잘 되라고 생각해서 했던 것이 그 반대로 드러나거나 예상 외의 경우로 생각지도 않은 결과를 맞기도 한다. 중요한 것은 교육은 누군가의 생각대로는 결코 되지 않는다는 것이며, 교사로서 우리는 늘 이 불확실성을 알면서도 매일 아침 일어나 학교에 출근해서 그 일을 한다는 것이다. 그리고 이러한 교육의 불확실성을 우리는 고상하게 교육의 비극성이라고 이름 붙인다.

그렇다면 교사가 이러한 불확실성 속에서 교육의 우연한 성공을 자신의 능력 덕분으로 돌리고 실패를 학생의 탓으로 돌리곤 하는 것을 두고, 우리는 그들이 지나치게 자기중심적이라고 비난해서는 안 될지도 모른다. 히로타 데루유키에 따르면, 이를 통해 교사는 교육에서 일어나는 실패를 포함하는 모든 부정적 결과에 대해 무한하게 제기될 수 있는 비난을 겨우 면하면서 새로운 교육적 실험을 시행할 수 있는 모종의 동기와 용기를 갖게 되기 때문이다.

아무리 성실하고 유능한 교사라도 자주 실패한다는 사실은 교육적 실천을 진지하게 받아들이고 오랫동안 교직에 있어 본 교사라면 누구나 잘 알고 있다. 이러한 잦은 실패에도 불구하고 시행으로서의 행위를 하지 않을 수 없는 영위, 그것이 바로 교육이다. 교육의 결과를 결코 알 수 없고 이 결과의 불확실성을 기꺼이 받아들이면서도, 즉 실패를 기꺼이 무릅쓰면서 그것을 계속 추구하는 것, 그것이 바로 교육이라는 실천적 영위의 본질적 성격이다. 그리고 교육이라는 실천적 영위가 본래 이러한 도박의 요소를 포함하는 불확실한 것이라는 점을 인정하는 것, 그리고 그 계획 가능성의 한계를 깨달은 연후에야 비로소 우리는 교육적 실천을 '실험'으로 보는 진지한 실용적 태도를 취할 수 있게 된다. 즉 교육은 타자에 '대한' 행위인 한, 결말을 예견할 수 없는 도박이다(廣田照幸, 2009: 42-43).

코로나19하에서의 교육적 실천은 더욱더 그러하다. 화면 뒤에 있는 학생의 마음에 직접 닿아 그들에게 뭔가 의미 있는 변화를 기대하는 것은 어리석은 일일지도 모른다. 그렇다고 수업을 중단할 수 없는 것처럼, 그들에 대한 교육적 의도 또한 멈출 수 없다. 그러나 교사로서 우리가 '자기-의식적으로' 실패를 무릅쓰고도 교육을 계속하는 비극의 주인공이 기꺼이 될 수 있기 위해서는 교육이 지닌 이 비극적 성격을 좀 더 자세히 살펴볼 필요가 있다.

교사로서 우리가 매일 아침 학교에 출근하여 아이들을 마주하며 교육적 실천을 계속해 나가기 위해서는 그 비극성에도 불구하고 교육을 계속할 수 있는 '동기'만 필요한 것은 아니다. 비극성에도 불구하고 혹은 그렇기 때문에 교육을 계속하는, 즉 교육을 해야만 하는 '이유' 또한 필요하다. 이 문제는 자연스럽게 우리를 '가르치는 일'의 성격에 대한 논의로 이끌어 간다.

'가르치는 일'의 성격에 대한 이해

앞에서 우리는 교사가 교육에서 의도하는 가르침과 학생의 배움 간에는 필연적으로 간극이 있다고 말했다. 이 간극이 바로 교사가 가르침을 통해 학생에게 영향을 미칠 수 있는 교육가능성의 영역이라고 말할 수 있다. 결국 가르치는 일은 이 간극을 그대로 두는 것이 아니라 교육가능성의 영역을 만들어 내고 또 확장하는 활동이다. 물론 앞서 말한 대로 당사자의 (자발적인) 학습 없이 교육은 일어날 수 없다. 우리가 다른 인간의 성향 구조를 변화시키는 것은 결코 직접 일어나는 것이 아니라 고작해야 간접적으로, 과제나 학습 기회를 준비하는 것을 통해, 혹은 그의 동기부여에 영향을 미치는 것을 통해 얼마간 그것에 기여하는 방식으로만 시도될 수 있을 뿐이다. 학습을 달성할 수 있는 것은 학습자 자신뿐이기 때문이다.

인간이 자신의 의지로 무언가를 배울 수 있는 특질을 학습가능성으로 부른다면 거의 모든 사람은 학습가능성을 가지고 있다고 말할 수 있다. 주위 환경에서 전혀 그리고 아무것도 배우지 않은 채 성장하는 인간은 없기 때문이다. 그리하여 브레친카는 "교사가 교육적 작용을 통해 학생의 학습가능성과 자기 형성력과 대응하면서 학생의 내부에 만들어 가는 교육적 작용의 여지"(廣田照幸, 2009: 44, 재인용)가 있다고 말하는데, 이것이 바로 교육가능성으로서 가르치는 일이 겨냥해야 하는 정확한 지점이다. 즉 가르치는 일이 겨냥하는 것은 아동 자신 안에 내재해 있는 어떤 것이기보다는 특정한 교육적 관계 안에서 찾아내어 질 수 있는 성질의 것으로서, 가르침은 바로 이 관계 안에 있는 '교육가능성'의 영역을 겨냥한다. 그리하여 교육가능성이란 교사가 모종의 내용과 방법으로 타자인 피교육자와의 관계 안에서 교사 자신의 행위를 받아들일 소지를 찾아내려는 '가르침'의 활동을 요청하는 것이다.

이러한 교육가능성의 개념은 최근 유행하는 구성주의적 학습관(아동은 스스로 자신의 앎을 구성한다)을 받아들인다는 것이 곧바로 구성주의적 교수관(교사는 아이들의 학습을 도와주는 촉진자에만 머물러야 한다)을 받아들이는 것으로 나아갈 필요는 없음을 말해 준다. 다시 말하면, 구성주의적 학습관을 받아들인다고 해서 가르치는 일이 단순히 아동의 학습을 돕고 촉진하는 일에만 국한되어야 한다는 것을 의미하지는 않는다는 것이다.

가르치는 일은 아동이 스스로 자신의 자아를 형성해 나가는 능력을 가지고 있음을 믿으면서도, 다른 한편으로 이들에게 미칠 수 있는 성인 세대의 교육적 작용의 여지를 만드는 교육적 관계를 창조해 내는 것을 그 핵심적 과업으로 한다. 그리하여 비에스타(Biesta, 2016: 45)는 가르침이라는 것은 단순히 학생의 학습을 촉진하는 것에 머무르는 것이 아니라 그 이상의 과업이며 오히려 학생의 '**교육적 학습**'에 필수적인 것이라고 주장한다. 여기서 그는 개념적으로 '교육적 학습'을 교사의 '가르침'과 연결시키고 있다.

비에스타에 따르면, 최근 유행하는 구성주의 학습관의 문제는 구성주의 학습관에서 출발하여 바로 구성주의 교수관으로 비약함으로써, ① 교사로부터의 학습learning from teachers과 ② 교사에 의해 가르쳐지는 것being taught by teachers 간의 개념적 구분을 모호하게 만들었다는 것이다(Biesta, 2016: 44-46). 즉 가르치는 일의 의미를 전적으로 전자의 의미로만 축소시켜, 결과적으로 교육에서 교사의 역할을 부당하게 대폭 약화시키는 오류를 범했다고 주장한다. 아래에서는 비에스타가 구분하고자 하는 위의 두 가지 개념의 차이를 살펴봄으로써 오늘날 요청되는 가르치는 일의 핵심적 본분과 그 성격을 새롭게 해석하여 교육의 본질 회복을 위한 한 가지 관점을 제시해 보고자 한다.

먼저 비에스타는 자신의 저서 《교육의 아름다운 위험*The*

코로나 이후의 교육을 말하다: 본질

Beautiful Risk of Education》(2016)에서 "가르치는 일은 (아이들에게) 선물을 주는 일"이라고 진술한다. 가르치는 일이 선물을 주는 일인 이유는 이것이 선물로서의 '세계'를 열어 보이며 아이들을 거기로 초대하는 일이기 때문이다. 그러나 '선물'이나 '초청'은 그 성격상 늘 거절될 위험이 있다. 학생이 이 초대를 받아들이지 않을 위험이 있기 때문에 가르치는 일은 앞서 말한 것처럼 항상 그 거절가능성을 전제로 한다.

그런데 흥미롭게도 이 거절가능성을 비에스타는 '비극적인' 위험이 아니라 '아름다운' 위험이라고 부른다. 바로 이 위험 때문에 가르침이 꽃을 피울 수 있기 때문이다. 이 위험이 없다면, 즉 학생이 초청을 거절할 위험이 없다면 제대로 가르치는 일은 불가능하다는 것이다. 이 경우 그것은 교사가 가르치는 것을 학생이 절대적으로 믿고 자신 안에서 그대로 복사하는 '교화indoctrination'가 되거나 교사의 가르침을 학생이 제대로 받아들이거나 받아들이지 않는 것에 대해 교사가 별로 상관하지 않는 '방임'이 되기 때문이다.

그래서 비에스타는 교육을 "아름다운 위험"이라고까지 말하며 히로타 데루유키가 말하는 교육의 존재론적 조건으로서 불확실성, 그리고 그것에 내재한 부정성 혹은 비극성을 아주 적극적으로 재해석하는 길을 열어 준다. 교육은 그 결과의 불확실성 때문에 비극적이거나 부정적인 과업이 되는 것이 아니라 오히려 그 일 자체의 성격상 불확실성을 먹고사는 과업이라고 말할 수 있다. 그리고 이 불확실성의 원천 중의 하나로서 아이들이 교사의 초청을 거절할 수 있는 자유, 그리하여 교사의 교육적 영향력에 저항할 수 있는 자유야말로, 역설적으로 교사의 교육가능성의 계기를 만들어 줄 수 있다는 것이다. 즉, 교육은 언제나 실패할 위험을 전제로 하지만, 실패할 위험이 곧 교사의 학생을 향한 교육적 작용의 새로운 가능성을 여는 조건이 될 수도 있는데, 바로 이 이유로 그 위험은 교육적 관점에서는 아름다운 위험인 것이다. 이제 이 점을 아래 논의를 통해 좀 더 자세히 살펴보자.

비에스타는(2016: 53), '교사로부터 학습하는 경험learning from teachers'과 '교사에 의해 가르쳐지는 경험'being taught by teachers은 결정적으로 다르고, 또 이 구분의 인식은 오늘날 우리의 교육을 이해하는 데에 매우 중요하다고 말한다. '교사로부터 학습하는 경험'은 학습자가 교사의 '설명'을 통해 배우는 것으로서, 교사를 마치 책이나 인터넷처럼 학생 자신의 학습을 위한 일종의 자원으로 사용하는 것을 의미한다. 이때 학생들은 교사의 행동

코로나 이후의 교육을 말하다: 본질

이나 말을 자신들이 '이해할 수 있는' 범주 안으로, 즉 자신들의 구성 안으로 가지고 온다. 이것은 기본적으로 학생들이 교사로부터 배운 것을 통제하고 있다는 말이다.

한편, '교사에 의해 가르쳐지는 경험'은 대개 항상 뒤늦게야 "그 선생님이 나에게 정말로 무엇인가를 가르쳤구나"라고 말하게 되는 사태로서 교사가 우리에게 무엇인가 중요한 것을 보여주었거나 실제로 외부로부터 무엇인가가 우리 안에 들어와 새로운 것을 깨닫게 만들었다는 것을 의미한다. 이것은 뭔가 중요한 사건이 일어났음을 하나의 통찰로 깨닫는 순간이다. 이러한 가르침은 우리가 알지 못했거나 또는 알고 싶어 하지 않았던 우리 자신의 행동과 존재의 방식에 통찰을 주는 종류의 가르침이다. 그리고 무엇보다도 이러한 순간이 일어나는 것은, 학습자나 교사의 통제하에 있지 않다.

'교사로부터 학습하는 경험'이 구성주의 학습관이 강요하는 교수관이 지향하는 학생의 경험이라면, '교사에 의해 가르쳐지는 경험'은 '선물로서의 가르침' 개념이 지향하는 학생의 경험이라고 말할 수 있다.

그런데 비에스타는 '교사로부터 학습하는 경험'을 강조하는 교육은 학생의 '학습'을 돕는 교육으로서, 우리가 익히 알고 있는 파울로 프레이리Paulo Freire가 비판하는 은행저금식 교육뿐만이 아니라 그가 옹호하는 문제제기식 교육도 여기에 속한다고 말한다(Biesta, 2016: 85). 왜냐하면 해방적 교육관은 학생중심교육을 지향하며 학생의 역량을 키워 학생 스스로가 자신의 해방적 자유를 얻도록 하는 교육같이 보일지 모르겠지만, 실제 그학습과정 중에 학생은 교사에게 더욱더 의존하는 경향을 내면화한다는 것이다. 이때 학습과정이란 집단적 학습과정으로서, 프레이리의 문제제기식 교육과정에는 여전히 '권력에 오염되지 않은 진리'의 개념을 전제하고 있다는 것이다.

이러한 진리 개념이 전제되는 한, 그리하여 집단적 학습과정을 통해 권력으로부터 자유로운 해방의 경험이 가능하다고 생각하는 한, 그것은 필연적으로 해방된 자(교사)와 해방되지 않은 자(학생)의 구분을 전제할 수밖에 없다. 이러한 학습과정은 학생들이 배우면 배울수록 더욱더 교사에게 의존하게 될 뿐만 아니라 결과적으로 교사 없이는 학습이 불가능한 존재가 된다. 즉 학생들은 애당초 겨냥했던, 진정으로 평등한 인간적 관계를 위한 행위 주체성을 키우지 못하게 된다.

교사의 가르침은 학생의 안으로부터의 발달을 단순히 돕는 활동이 아니다. 오히려 그것은 학생 바깥으로부터 오는 어떤

'자극'과 밀접한 관련이 있다. 이것은 자아를 넘어서는 '초월transcendence'의 개념으로 설명할 수 있는데, 가르침은 학생의 자아 외부에서 오는 것인 동시에 학생에게 전혀 새로운 것을 가져다주는 시도라는 의미에서 '초월'의 속성에 복무하는 과업이다(Biesta, 2016: 49). 가르침은 학생 안의 어떤 것immanence을 이끌어 내는 산파술이라기보다는, 학생 안에 없는 것을 바깥으로부터 학생에게로 가져와서 그것을 드러내는 계시, 뭔가 새로운 것을 드러내고 드러나게 하는 정신적 사건과 관련이 있다. 이러한 드러남을 비에스타는 키에르케고르S. A. Kierkegaard와 레비나스E. Levinas의 철학이 기대는 '신적인 것the divine'으로서 "타자성alterity"의 계시와 같은 것으로 설명한다. 우리는 이 타자성의 계시를 우리가 사는 세계나 나 자신의 존재가 갑자기 모종의 규정되기 어려운 무한성의 세계 혹은 새로운 가능성의 우주적 세계로 연결될 때 경험하는 모종의 정신적 현상과 같은 것으로 이해할 수 있을지 모른다.

초월된 것으로서 이 타자성의 개념이 가르침과 관련하여 중요한 이유는 모종의 내적 사건으로서 타자성의 계시적 드러남은 단순히 '이론적 지식의 영역'에서 발견되는 것이 아니라는 데 있다. 이것은 오히려 교사로부터의 초청 혹은 개입intervention

에 의해 학생이 이론적 지식에 헌신하는 '인지적 자아'로부터 분리될 때, 그리하여 자신의 실존적 혹은 존재론적 지향성에 어떤 충격과 균열이 일어날 때 등장한다. 즉 교사의 초청에 의해 주목하게 되는 '타자성'의 낯선 세계를 통해 학생들은 이제까지 맺어 왔던 이론적 지식과의 도구적이고 외적인 관계에서 벗어나 이론적이고 인지적인 것으로는 포착되지 않지만 그럼에도 불구하고 뭔가를 드러나게 하는 신비로운 어떤 수수께끼enigma 같은 세계와 접속 혹은 접촉하게 된다. 아마도 이것은 나와 나를 둘러싼 세계를 이제까지와는 다른 눈으로 바라보고 또 이제까지와는 다른 가능성으로 가득 찬 것으로 응시하게 되는 것을 의미한다. 이것은 추론이나 입증과 같이 인지적으로 파악되거나 이해되는 경험이 아니라, 이러한 방식의 탐색 끝에 우리가 도달하는 어떤 계시적 통찰로 포착되는 경험을 지시하는 것으로 보인다.

(교과) 교사의 역할

이런 의미의 가르치는 일은 '교과 지식'의 습득이나 '진리'의 문제와 어떻게 관련되는가? 가르치는 일은 여전히 지식이나 진리 전달의 문제인가? 만약 교육에서의 진리 문제가 객관적 진리 문제가 아니라 키에르케고르가 말하는 주관적 진리 문제, 혹은 실존적 진리 문제라면 우리는 여전히 그렇다고 답할 수 있다. 즉 교육은 여전히 진리 전달의 문제이지만 이때 중요한 진리는 객관적 진리가 아니라 주관적 진리라는 말이다.

객관적 진리란 참인 명제적 진리를 의미하고 이것을 강조하는 교육에서는 학생들로 하여금 '참인 것'이 무엇인지에 일차적인 관심을 갖게 한다. 이에 비해 주관적 진리는 나에게 중요한 진리, 내가 기꺼이 살고 또 그것을 위해 죽을 수도 있는 진리를 의미하고, 이것을 중시하는 교육에서는 학생들로 하여금 자신에게 '중요한 것'이 무엇인지를 찾게 한다. 객관적 진리가 '(과학) 이론적' 문제, 확실하고 정확한 지식을 좇아가는 객관적 방법을 중시한다면, 후자는 '실존적' 문제, 즉 이론적 지식이 객관적으로 불확실한 속성을 가지고 있다는 것을 학생 각자가 알게 되고 그것이 자신의 삶에 의미하는 바를 각자 깨달아 가는 개인적 방식을 중시한다.

이렇듯, 주관적 진리에 관심을 갖는 가르침은 개별 학생들로 하여금 아주 어렵게, 그리고 천천히 자신의 삶에 자리를 차지하도록 수용될 수 있는 주관적 진리를 찾도록 자극하고 초청하는 것이라고 말할 수 있다. 이것이 당장은 그리고 한동안은 학생들의 마음을 불편하게 할 수도 있다. 그러나 그것을 나중에라도 수용하게 된다면 그것은 그들 자신의 삶에 절대적으로 중요한 것이 될 것이다.

여기서 학생들이 어려움을 겪는 시간을 거치는 것은 주관적 지식의 획득에 필수적인데, 그때야 비로소 그것이 그 학생에게 중요한 것이 되기 때문이다. 수용에 어려움을 겪는 시간을 보낼 때, 진리는 그 학생과 개인적 관계를 맺는 계기를 마련한다. 세계와 이렇게 개인적 관계의 방식을 만들어 가는 것, 이것이 바로 '교육적 학습'의 내용으로서 가르침이 겨냥하는 학생의 학습이다. 이때 우리는 '무엇의' 문제로서 무엇을 아는가에 초점을 두는 (교과) 교육이 아니라, '어떻게'의 문제로서 그것을 어떻게 알게 되고 그것이 학생 자신에게 어떻게 중요하게 되는가에 초점을 두는 가르침의 (교과) 교육을 상상할 수 있다.

이 말은 교사가 객관적 지식 혹은 이론적 교과를 다루면서도, 학생들을 주관적 지식으로서 실존의 문제나 새로운 자기관계의 형성으로 이끌어 가야 한다는 말로 해석할 수 있다. 다시 말하면, (교과) 교육에서 교사의 역할은 학생들로 하여금 단순히 세계에 대한 인식으로서 이론적 지식의 습득을 증가시키는 데에 그쳐서는 안 되고, 그러한 지식들에 대한 이해와 인식이 왜 중요한지, 그것이 학생 자신들에게 무엇을 의미할 수 있는지 등의 문제들, 그리하여 그 지식의 습득과 관련하여 학생 혼자서는 결코 던질 수 없는 질문을 던지는 것이다. 학생들이 자기 스스로는 결코 떠올릴 수 없었기 때문에 스스로는 시작할 수 없었던 종류의 질문을 교사가 사고의 실마리 형태로 던지기 시작해야 한다는 것을 말한다. 그러면 학생들은 이전에는 가능하리라 생각하지 못했을 뿐만 아니라 존재하는지도 몰랐던 세계가 자신에게 열리는(계시되는) 경험, 무한성의 세계로의 연결이라고 할 만큼 새로운 가능성의 세계에 눈뜨게 된다.

이것이 바로 "학습에서 우연적이기보다는 본질적이라고 할 수 있는 가르침의 개념"에 의한 학습이자 가르침이 관심을 가져야 할 '교육적educative 학습'이다(Biesta, 2016: 50). 교육은 객관적 진리 발견을 업으로 하는 학문 세계가 아니라, 한나 아렌트가 말하듯 독특하고 새로운 것이 세상으로 나오는 것, 즉 새 세대의 탄생성에 관심을 가지는 과업의 세계이기 때문이다(2005: 257). 그래서 교육은 언제나 하나의 '가능성'으로서 예측할 수 없는 것에, 그리고 가능한 것의 영역을 넘어서는 것에 자리를 마련해야 하는 동시에, 앞선 세대에 의해 만들어지고 끊임없이 형성되고 있는 세계에 새 세대가 주인으로서 거주할 수 있도록 초청하는 것이다. 이 초청에서 아이들은 인식 그 자체가 아니라 인식과 이중의 관계를 맺어야 한다. 즉 인식을 '통해' 그리고 그것을 '넘어서서' 이 세계와 관계 맺도록 하여 이 세계를 더욱 새롭게 갱신해 나갈 수 있는 그 세대만의 가능성을 만들어 갈 수 있는 개별적인 주체 역량을 키울 필요가 있는 것이다.

이런 의미에서 '교사에 의해 가르쳐지는 경험'은 '교사로부터 (직접) 배우는 경험'과 근본적으로 다르다. 후자는 어떤 목적을 위해 교사를 혹은 교사가 소유한 지식을 자원으로 활용한다. 그리하여 교사로부터 무엇을 배우고 무엇을 배우지 말지를 학생 쪽이 능동적으로 통제한다. 이에 비해 가르쳐지는 경험은, 가르침이 있은 후 뒤늦게야 깨닫게 되는 것으로서 외부로부터 무엇인가가 학생 안에 들어오는 것을 학생이 수동적으로 깨닫는 현상이다. 즉 학습자가 알지 못했고 어쩌면 알고 싶어 하지 않았던 것으로서 자신의 행동과 존재방식에 대한 통찰을 주는 어떤 것이다. 이것은 자주 자기 자신에 대한 불편한 진리이기도 하고, 스스로 쉽게 받아들이기 어려운 지식이기도 하다.

그런데 '가르쳐지는' 이러한 경험은 교사에 의해 '직접' 생성되거나 통제될 수는 없다는 것에 교육적 어려움이 있다. 교사는 질문을 통해 자극을 주기도 하고 제시하는 교육내용을 자신이 어떻게 이해하고 그것과 어떤 관계를 맺고 있는지 간접적으로 보여주는 등 학생과의 관계에서 교육적 작용의 여지를 확장시키려고 노력할 수 있지만, 학생에 대한 자신의 교육적 영향력을 직접 통제할 수는 없다. 즉 교사의 힘은 실존적으로 약한 힘, 즉 상호작용과 예상 밖의 만남에 의존하는 약한 힘이지 형이상학적으로 지지되는 강한 힘이 아니다(Biesta, 2016: 53-54).

아마도 이런 이유로 교사의 가르침은 '선물'을 주는 행위로 비유될 수 있는 것이 아닌가 싶다. 선물은 받아들일지 말지가 선물을 주는 사람의 통제 안에 있지 않다. 그래서 비에스타는 '가르침'의 교사가 교사로서 갖는 정체성은 실체적이지 않고 '분산적sporadic'이라고 묘사한다. 교사의 권위는 학생 누군가가 언젠가 그 교사가 자신에게 무엇인가를 드러내었다는 것을 깨달을 때 생기고 인정되는 것이며, 교사 권위의 근거는 바로 미래에 일어날 수도 있고 일어나지 않을 수도 있는 이 교육가능성에 그 원천이 있다는 것이다. 이런 이유로 가르치는 일에는 위험이 따른다.

교사는 늘 자신이 하는 일, 즉 학생들에게 새로운 것을 소개하고 이것에 초청하는 일이 이들에게 받아들여질지 어떨지 알지 못한 채 이 일을 준비한다. 이 초청에 응하도록 강요하는 것은 교육의 본래 의도에 어긋나고, 그렇다고 학생들의 수용 여부에 전혀 관심을 가지지 않는 것도 그 일을 진지하게 수행하고자 하는 사람들의 동기나 심리상태와 맞지 않다. 즉 의도를 가지고 초청하고 그 초청에 학생들이 응하기를 간절히 바라지만 그것은 교사의 통제하에도 학생의 통제하에도 있지 않다.

특히 계시적 드러남의 형태로 학생들이 깨닫는 시점은 아무도 알지 못하는 미래에 놓여 있다. 언젠가 학생들이 스스로 깨치기를 바라며 내버려 두되 소망하는 마음으로 기다려야 하는 것이다. 그러나 이 수동성은 아무것도 할 수 없다는 의미에서의 '무력한' 수동성이 아니다. 오히려 가르침이라는 일의 성격상 불가피하게 요청되는 수동성, 교사의 (적극적) 의무로서 수동성이다.

비에스타의 가르침에 대한 이러한 새로운 해석은 교사의 가르치는 행위에 다시 권위가 개입될 수 있게 해 준다. '권위주의적 권위'로서 권력이 아니라 '교육적 권위' 말이다. 여기서 중요하게 지적해야 할 점은 교육에서 권위주의적 권위도 사라져야 하지만 반권위주의도 사라져야 한다는 점이다. '자유로운 혹은 해방적 시민', 다원성 속에서도 자신의 고유성을 펼칠 수 있는 시민을 키우기 위한 교육에서, 교사의 권위주의적 권위도, 반권위주의도 교육적 관점에서 모순적이기는 마찬가지이다. 둘 다 학생의 진정한 자유 혹은 해방의 주체성을 형성시키는 조건을 파괴한다는 의미에서 그러하다. 전자가 억압적인 자아를 양산한다면 후자는 의존적인 자아를 양산한다.

교육은 아이들이 하고 싶어 하는 것을 선택할 수 있도록 하는 자유주의적 자유가 아니라, 자기 자신이 '바라는 것'과 '바람직한 것' 간의 차이를 규명할 줄 아는 해방적 자유를 향해야 한다. 이러한 해방적 자유는 아이들이 스스로의 삶에 권위를 부여하고 싶은 것이 무엇인지를 결정할 수 있는 능력과 밀접히 관련되어 있다. 이러한 능력은 아이들이 가르침의 선물을 받을 수 있게 될 때 길러지는 것이다. 가르침의 선물을 받는다는 것은 달갑지 않은 것을 기꺼이 받아들이는 것, 불편하고 어려운 지식에 자리를 내어 주는 것, 즉 자신들이 받은 가르침에 권위를 부여하는 순간들을 기꺼이 받아들인다는 것을 의미한다. 그리고 오늘날 맥락에서 교사의 권위는 오직 이런 가르침의 과업을 위해서만 교육적 실천에서 다시 의미 있는 자리를 차지할 수 있다.

학교는 학습이 아니라 가르침이 일어나는 곳이 될 필요가 있다. 즉 교사의 개입적 역할이 중요한 곳이 되어야 한다. 이런 의미에서 가르침은 학교에서가 아니면 일어날 수 없는 활동이다. 그리고 가르침이 있는 곳에는 항상 교사가 있다. 한편, 이때 가르침이란 단순히 지식이나 기술 전달이 핵심이 되는 활동이 아니다. 후자는 학교 밖의 여러 사설 기관들에 의해 혹은 과학기술의 도움에 의해 얼마든지 대체될 수 있다. 가르침의 활동은 학생들로 하여금 이론적 지식의 습득에만 머무는 것이 아니라 이것으로 무장된 인지적 자아를 아이들 스스로 넘어서도록 외부에서 자극하는 것, 인식이 아니라 인식의 조건으로서 아이들의 존재론적 자아를 일깨우는 것이다. 그리하여 아이들의 내적, 실존적 에너지가 살아나도록 자극하고 이 에너지에 의해 아이들의 삶이 무한한 가능성에 새롭게 열리도록, 학생과 교육내용 사이에 교사가 개입하고 또 매개하는 것이다.

비대면 수업을 통한 교육, 무엇이 중요할까?

지금까지 이야기한 교육의 의미나 가르침에 대한 재해석은 우리에게 전적으로 낯선 생각이 아니다. 오히려 학창시절 우리가 만난 교사들로부터 받은 교육에 대한 기억 속에서, 그리고 비록 파편적이기는 하지만 오늘날 근대적 학교 교사들이 실행하는 일상적인 교육적 실천 속에서, 아니면 스쳐 지나가는 우리의 교육적 상심 속에서 언뜻언뜻 떠오르는 통찰의 형태로, 우리 곁에서 늘 숨 쉬고 있던 교육에 대한 이미지들을 펼치고 엮어 놓은 것과 다름이 없다.

그리고 이 이미지들, 이 관념들이 지금 코로나19를 맞아 흐릿해지며 사라질 위기에 처해 있다. 디지털 테크놀로지가 코로나19와 자본의 힘을 빌려 우리의 일상적 삶의 조건과 환경의 일부분으로 급진적으로 침투하고 있는 지금, 학교는 장기적으로 사회의 기능적 역할만 담당하도록 요청받거나 학교 무용론이 점차 확산될 가능성도 완전히 배제하기 어렵다. 코로나19에 의해 가속화되는 디지털 매체의 의한 정보의 보편적 접근성과 비대면 상호작용의 확장, AI 튜터의 등장 예고 등은 학교 무용론뿐만 아니라 교사 무용론까지 등장시키고 있다.

그러나 이러한 사태는 역설적이게도, 압축 근대화 과정을 통해 급속히 진행되어 온 거대한 근대적 교육 기획에 밀려 우리의 의식 밑바닥에 그저 조용히 숨죽이고만 있었던 교육 및 가르침의 오랜 이미지를 새롭게 들여다보게 하는 절호의 기회를 우리에게 제공하고 있는지도 모른다. 현장의 교사나 학생들은 상황에 의해 불가피하게 비대면 수업으로 내몰면서, 한편으로는 에듀테크에 대한 막연한 두려움과 편견으로부터 자유로워지기도 했지만, 다른 한편으로는 일상적으로 당연히 받아들여 온 대면 수업이나 아이들과의 직접 만남의 교육적 중요성을 새삼 깨닫게도 되었다.

굳이 깊은 전문적 분석의 힘을 빌리지 않더라도 교육적 관점에서 생각할 때, 비대면 수업이 대면 수업을 완전히 대체할 수 있을 것이라고 생각하는 이는 거의 없을 것이다. 몸을 통한 직접적 대면이 가능하게 하는 사회성, 인성, 시민성 교육은 사회 속에서 살아가는 개인의 행복을 위해서뿐만 아니라 우리 사회의 건강한 발전과 유지를 위해 포기할 수 없는 교육의 목적이기 때문이다. 그렇다 하더라도 교육학자나 교사들이 이 기회에 우리가 하고 있는 일의 의미를 되돌아보고 그 일의 역사적, 철학적 함의를 검토하며 그 의미 회복을 위해 노력하지 않는다면, 자신의 과업을 방기하는 일일뿐만 아니라 우리 미래 사회 전체에도 불행한 일이 될 것이다.

물론, 비대면 수업이 대면 수업의 어떤 측면을 보완하거나 대면 수업이 할 수 없었던 어떤 교육적 기능을 새롭게 추가할 수도 있다. 놀랍게도 비대면 수업에 대한 만족도를 물었을 때

많은 청소년들이 비대면 수업을 통해 또래 친구들 간의 불필요한 비교나 남의 눈을 덜 의식하게 되었다든지, 교수자와의 관계를 좀 더 수평적으로 느끼고 억압적 위계 의식이 덜 느껴져서 자신의 학습에만 더 잘 집중할 수 있게 되었다고 보고되기도 한다. 비대면 수업의 예기치 못한 교육적 순기능도 가시화되고 있다.

그러나 학교의 교육에서 중요한 것은, 그것이 지식 교육이든 지식외 교육이든 '세계'를 아이들 앞에 열어 보여서 아이들이 그 세계와 자유로운 관계를 맺으며 내적으로 연결되도록 하는 데에 목적이 있다는 것, 그리고 이 목적을 위하여 교사는 학생과 세계 사이의 매개가 되어야 한다는 점을 기억하는 것이다. 그리하여 학교라는 공간은 어린 세대가 세상 어디에서도 시험해 본 적이 없는 자기 자신의 존재론적 가능성을 탐색하고 실험하며, 어떤 다른 외적 목적에 의해 전적으로 전유되지 않는 자신의 존재와 세계의 가능성을 발견하고 유희하게 하는 공간이 되어야 할 것이다.

이런 관점에서 보자면, 돌봄이나 안전 교육 등 교과 수업 외에 요즈음 새롭게 요구되는 학교의 기능을 단순히 교육 외적 기능이라고 치부할 수 없을지 모른다. 이것 또한 '세계'를 아이들에게 열어 보이는 한 가지 교육 방식으로 다루어질 수 있고 또 그렇게 될 필요가 있기 때문이다. 학교에서 일어나는 모든 것은 그리고 그곳에서 생활하는 모든 이들은 잠재적으로 아이들이 참여할 '세계로의 개방'이라는 교육의 목적에 봉사해야 할 중요한 자원이자 환경일 수 있다.

마지막으로 수업의 측면에서 코로나19가 교사들에게 던지는 도전에 대해서 간략히 정리해 보자. 디지털 매체의 일상화를 통해 유튜브나 교육용 소프트웨어 등 교사들이 활용할 수 있는 학습자료는 무궁무진하게 늘어나고 있다. 그리고 이것은 다양하고 무수한 디지털 자원의 숲속에서 자신의 수업에 필요한 자료들을 탐색하여 적절히 취사선택해야 하는 쉽지 않은 과제를 교사 개인 앞에 던진다. 그러나 아무리 잘 선정된 자료라 하더라도 그 자료를 그대로 학생들에게 제시하거나 건네는 것으로는 충분하지 않다. 바로 여기에서 우리는 비에스타가 말한 '초청'과 '선물'의 의미를 적극적으로 해석할 수 있다.

학생 혼자 자기주도적으로 상호작용할 수 있도록 만들어진 '학습자료'(학습지 같은 것)는 교사가 개입할 수 있고 또 그럴 필요가 있는 '수업자료'와 개념적으로 구분될 필요가 있다. 수업자료는 학습자료와 달리 교사의 개별 단위 수업 및 교육 목표에 비추어 그 활용의 정당성이 분명한 자료로서, 교사에 의해 '의도적으로' 선택되고 또 배치되는 자료라고 말할 수 있다. 하지만 수업자료의 고유한 특징은 그 선택된 자료의 제시 방식에서 발견되어야 한다. 그것을 제시하고 배치하는 방식에 따라 학생들은 그 자료에서 무엇을 어떻게 읽어 내고 어떤 것에 주목을 해야 하는지에 대한 실마리, 즉 그 자료를 어떻게 만나고 또 그것과 어떻게 상호작용해야 하는지에 대한 모종의 '실마리'를 눈치챌 수 있기 때문이다. 그리고 비에스타가 '가르침은 초청'이라고 말할 때, 이 '실마리의 제시'가 바로 그 초청의 한 가지 방식일 수 있다. 교사는 학생들이 '교육적으로' 반응하도록 설계된 "교육적 제재educative materials"(Hopmann, 2007: 115)를 특별히 준비하여 제시할 필요가 있는데, 학생들이 교사의 그 제시 방식에 특별히 주목하게 되는 것은 교사가 제시하는 간접적 암시의 자극들 때문이다.

예를 들어, 한 단위의 수업을 준비한다고 할 때, 교사는 그 수업에서 학생들이 반응하기를 원하는 1~2가지의 핵심이 되는 대목이나 구절, 논점을 미리 결정해야 한다. 그리고 이것을 중심으로 다양한 수업자료들을 배치할 수 있는데, 그 핵심 대목이나 논점을 직접 체험할 수 있도록 고안된 학생 간 모둠 토론을 줌으로 설계할 수도 있고, 유튜브에서 직접 끌어올 수 있는 다양한 매체적 재료로 설명식 수업을 할 수도 있을 것이다. 그러나 여기서 중요한 것은 교사가 준비한 이 핵심 대목이나 지점과 관련하여 어느 순간, 이론적이고 추상적인 지식이 갑자기 살아서 펄펄 움직이는 어떤 주관적 의미로 학생들에게 다가가게 할 필요가 있다는 것이다.

물론 교사의 이 시도는 실패할 수도 있다. 즉 교육가능성은 활성화되지 않은 채 지나갈 수 있다. 독일의 교육학자 호프만(2007: 115-116)은 교육적 사건 및 교육적 맥락을 만들어 내는 데 활용될 교육적 제재의 선택과 결정은 교사에게 매우 중요한데, 이를 위해 교사가 자신이 가르칠 교육내용에서 '제재$_{material}$'와 '의미$_{meaning}$'를 구분해야 함을 지적한다. '교육적$_{educative}$ 제재'의 준비는 교육내용과 관련하여 바로 이 두 가지를 연결시킬 수 있는 교사의 능력에 전적으로 기대기 때문이다.

비대면 수업 시대를 맞아 유튜브나 교육용 소프트웨어의 능숙한 활용뿐만 아니라 실제 수업을 실행하기 위한 다양한 플랫폼에 기술적으로 익숙해지는 것은 오늘날 교사들에게 필수적으로 요구된다. 이러한 기술적인 것에 익숙해지는 데에도 시간과 에너지가 많이 든다. 하지만 이것은 가르침의 기술적 조건

코로나 이후의 교육을 말하다: 본질

으로서 필수적이기는 하지만 그 가르침에 결정적이지는 않다.

정말 중요한 것은 그 많은 자료 중에서 아이들을 초청할 수 있는 교육적 제재를 포착할 수 있는 능력이고, 이 능력은 자신의 교과나 교육내용에 대한 교사의 깊은 이해 및 애정, 즉 이것과 관계 맺는 교사 자신의 개인적 방식과 함수관계에 있다. 학생들은 교사가 주어진 교육내용과 '어떻게' 상호작용하는지 그 경험의 질을 목격할 것이고 그것에 자극을 받을 것이며 그 자극으로 스스로 그 내용에 개인적으로 참여하기 시작할 것이다. 결국 교육에서 중요한 것은 눈앞의 과제나 교육내용, 그리고 그것이 대변하는 세계와 관계 맺는 교사의 상호작용의 질이고 그것을 의식적으로 교육적 관계 속에 펼쳐 내보일 수 있는, 세계에 대한 교사의 진지한 애정과 자신감이다.

이런 의미에서 오늘날 교사는 자신이 가르치는 지식 분야의 내용을 더 잘, 그리고 더 깊이 알아야 하고, 그것을 또한 더 넓은 자기 삶의 문화적·사회적 맥락이나 세계의 다양한 영역에 연결시킬 수 있어야 한다. 하나의 지식을 깊이 알면 알수록 이것이 세상의 다양한 측면과 어떻게 연결되어 있는지 더 잘 보이기 마련이다. 그리고 이것이 바로 4차 산업혁명 시대에 요청되는 생성적 지식generative knowledge으로 가는 지름길이 아닌가 싶다. 생성적 지식은 한 가지 앎이 자신에게 어떤 의미를 갖는지, 그 의미를 체험적으로 탐색하고 익히는 개인적 지식personal knowledge과 동전의 양면과 같은 관계에 있는 것처럼 보인다. 한 가지 이미지가 생생하게 내 안에서 깊이 뿌리를 내리고 살아 있게 되면 이것은 마치 자석처럼 아주 멀리 있거나 전혀 다른 것 같이 보이는 이미지들을 자기 쪽으로 마구 끌어와 엉키며 새로운 이미지들을 만들어 내고, 그러는 와중에 어떤 형태의 선명한 새로운 의미들이 나도 모르는 사이 내 의식 수면 위로 떠오르는 것 같기 때문이다.

제3장

대학교육의 위기와 변화 가능성

— 코로나19가 드러낸 현실과 변화의 기회

이승은

재난은 일상을 해체한다. 이는 생명 유지를 위한 인간 삶의 조건을 파괴하는 동시에, 매끄럽고 안온하게 흘러가는 것처럼 보이는 현실에 균열을 일으키고, 그 내부를 헤집어 보여준다. 또한 재난은 구조의 가장 취약한 지점을 제일 먼저 드러내고 공격한다. 이 점에서 재난은 정치적이고 사회적이다. 코로나19 역시 마찬가지였다. 전염성 강한 바이러스는 개인과 공동체의 생명을 파괴한다는 점에서 그 자체로 위협적이었지만, 이를 기화로 명확하게 존재감을 드러내는 사회 병리적 징후들은 더욱 문제적이었다. 마치 엑스레이가 전신을 훑어가며 환부를 진단하듯, 코로나19라는 전 세계적 재난이 우리 사회 내부의 모순을 전방위적으로 폭로하기 시작한 것이다.

대학의 일상 또한 예외는 아니었다. 학기는 정해진 시기에 시작되지 못하였으며, 이후 온라인으로 교수–학습이 이루어졌지만 이는 지식정보의 전달만 겨우 수행했을 뿐이었다. 이 과정에서의 혼란과 우여곡절은 말할 것도 없었다. 결국 학생들은 비대면 강의의 질 저하, 학교 시설 미이용, 학습권 침해 등을 근거로 등록금 반환 소송을 제기하기에 이르렀다. 이에 몇몇 대학이 특별 장학금 등의 형식으로 등록금의 일부를 학생들에게 반환했고, 교육부는 〈대학 비대면 교육 긴급지원사업〉의 명목으로 237개 대학에 1천억 원의 정부 지원금 지급을 결정했다 (교육부, 2020c). 이는 코로나19 상황에서의 대학교육이 예외적이고 비일상적인 것이기에 그에 대한 보상이 필요하며, 재난이 종식된 이후에는 다시 일상적, 정상적 교육을 제공해야 한다는 대학, 대학생, 정부의 사회적 합의를 표상한다(강석남, 2020).

그런데 등록금 반환 운동으로 대표되는 학생들의 불만은 더욱 본질적인 문제에 맞닿아 있다. 현행 대학교육의 내용과 방법, 필요와 효용성에 대한 회의가 바로 그것이다. 이는 코로나19로 유발되었다기보다는 본래부터 배태되었던 것에 가깝다. 이미 2000년대 초반부터 출생률 감소로 인한 학령인구 부족, 경제 성장 둔화에 의한 대졸 실업률 증가 등의 예견된 사회 변화 속에서 '대학의 위기'에 대한 목소리가 등장하기 시작했음을 상기해 보자. 당시 인용되었던 "19세기 강의실에서 20세기 교수가 21세기를 살아갈 학생을 가르친다"는 냉소적 비판은 대학이 제공하는 지식체계와 담론의 현재성과 효용가치, 교수 방법의 문제, 사회 수요와 대학교육의 불일치 등을 총체적으로 꼬집은 것이었다. 이는 진지한 성찰과 점진적인 변화를 통해 해결되어야 할 성질의 것이었다. 그러나 그에 대한 실질적인 대안을 마련하지 못한 채 코로나19를 맞았고, 재난의 위력이 워낙 강력했던 탓에 과거와 현재, 표층과 심층의 문제점이 복잡하게 뒤엉킨 채, 동시다발적으로 수면 위로 떠오르게 된 것이다.

그러므로 코로나 이후의 대학교육을 준비한다는 것은, 재난 이전 일상으로의 단순한 복귀가 아니라, 드러난 문제들을 직시하고 그에 대한 방안을 성찰하는 것으로부터 시작될 수 있다. 재난이 반복된다는 사실을 고려하면 더더욱 그러하다. 역사적으로 지진·홍수·테러·전쟁·질병 등의 재난은 그 종류와 규모에 차이가 있을지언정 상존해 왔다. 현 세대의 입장에서 코로나19가 전례 없는 위기처럼 느껴지는 것도 사실이지만, 이것은 인류가 지금까지 겪었던 숱한 재난 중 하나일 뿐이며, 일회적인 것도 아니다. 그러므로 백신 개발, 디지털 기술을 통한 사회 연결망 강화, 경기부양책 추진 등 코로나19에 대한 대증요법뿐만 아니라, 동시에 재난을 우리 내부의 모순을 진지하게 성찰하는 계기로 삼는 태도가 필요하다. 이는 앞으로 반드시 당도할 또 다른 재난에 대한 사회적 회복탄력성resilience을 높이기 위함이기도 하다.

대학 위기론이 처음 대두된 때로부터 20여 년이 지났다. 그동안 수많은 문제들이 등장했고, 대안도 여러 차례 제출되었다. 그러나 20년이 지난 지금, 코로나19는 여전히 대학이 심각한 위기 상황에 놓여있다고 진단한다. 나아가 이제는 대학 제도와 구성원의 생존 자체가 위협받는 지경에 이르렀으며, 이전과는 전혀 다른 방식의 위기에 봉착했다는 목소리가 높아지고 있다. 그러나 위기란 변화의 필연성에 대한 주체의 입장차에 다름 아니다. 즉 대학의 위기라는 진단은 다른 관점에서 보면 변화의 강력한 동인動因이 등장했음을 의미한다.

대학은 오랜 시간 동안 끊임없이 그 모습을 바꿔 왔고, 이제 코로나19로 촉발된 새로운 조건에 맞추어 또 다른 모습으로 변모해야 하는 과제 앞에 서 있다. 그러므로 이 글의 초점은 첫째, 역사적 존재로서 한국의 대학 제도와 교육이 마주해 온 현실과 변화하는 조건을 살피고, 둘째, 그에 대응하기 위한 대학의 현재적 역량을 점검하는 것에 있다. 특히 교육의 측면에 주목하고자 한다. 이는 지금까지 대학 위기를 바라보는 시각이 주로 구조적·제도적 문제에 집중되어, 교육의 목적과 내용 등을 충분히 검토하지 못했다는 반성에서 비롯한 것이다.

대학교육의 보편화

근대적 형태의 교육 제도로서 한국 대학의 기원을 찾자면 그것은 일제강점기 설립된 경성제국대학과 일부 전문학교들일 것이다. 그러나 본격적인 고등교육기관으로서 대학이라는 제도가 확산되기 시작한 것은 해방 이후부터다. 1952년을 전후하여 1도 1교의 원칙 아래 지방에 국립대학이 설치되고, 또 그 이상으로 많은 사립대학이 인가를 받으며 1945년 해방 당시 8천 명을 넘지 않았던 대학 재학생 수는 1955년 8만 명에 육박하였다 (김정인, 2011: 7). 해방 후 한국 사회의 높은 교육열은 대학교육의 수요 증가로 이어졌다. 국가를 재건하고 근대화하는 과정에서 고등교육을 받은 인적 자원이 실질적으로 필요한 시기이기도 했기 때문에 정부는 대학의 인가 기준을 대폭 완화해 이 수요를 감당하였다.

1960~70년대 군사정권은 국가 주도의 대학 개혁을 단행하였다. 1961년 「교육에 관한 임시특례법」, 1966년 「대학학생정원령」을 통해 입학 정원을 통제하려 하였다(김정인, 2018: 169-211). 그러나 1980년대 대입 본고사 폐지, 졸업정원제, 대학 정원 확대 등을 주 내용으로 한 신군부의 7·30 조치에 이어 김영삼 정권의 5·31 교육 개혁을 거치면서 대학생 수는 꾸준히 늘어났다. 이 과정에서 단과대학의 종합대학으로의 승격, 수도권 소재 사립대학의 지방분교 설립, 방송통신대와 교육대학의 4년제 승격, 새로운 대학 신설 등 다양한 방식의 제도적 지원이 있었다. 〈5·31 교육개혁안〉은 시장에 대학교육의 향방을 맡기다는 관점하에 새로운 공급자의 시장 진입을 허용한다는 대학설립준칙주의와 기존 공급자의 공급량을 확대하는 차원에서 실시한 대학 정원 자율화정책을 채택했다(김정인, 2018: 307).

한국의 대학교육은 해방 이후 꾸준히 양적 확대의 길을 걸어 왔다. 그 결과 2005년에는 대학 진학률이 82.1%까지 증가했고, 2020년 현재도 70%를 상회하고 있다. 이는 유럽, 미국, 일본 등 다른 나라와 비교할 때 굉장히 높은 수준이다(이영, 2012: 41). 교육인구의 확대는 필연적으로 고등교육의 보편화, 대중화로 이어졌다. 취학 연령의 50% 이상이 고등교육기관에

취학하는 시기부터를 고등교육의 보편화 단계로 본다면(Trow, 1973), 한국의 대학교육은 이미 이에 진입한 상태라 할 수 있다.

한편 개인들에게 대학 졸업장은 빈곤의 탈출, 출세 등 더 나은 삶의 조건을 위해 꼭 필요한 것으로 인식되었으며, 이것이 다시 대학교육에 대한 지속적인 수요 증대로 나타났다. 부존 자원이 없는 개발도상국에서 이른바 '인적 자원'의 중요성은 두말할 필요가 없는 것이었다. 고등교육을 받은 인원은 고급 인력으로 인식되었고, 상대적으로 높은 임금과 좋은 일자리를 보장받았다. 최근까지도 고졸-대졸자의 학력별 임금격차는 OECD 평균을 상회한다(교육부, 2018). 개인에게 대학교육은 계층 간 이동의 사다리로 작동했으며, 이는 오랫동안 공급의 확대에도 불구하고 수요가 이를 초과하는 결과로 이어졌다. 즉 한국 대학들이 양적 성장을 지속할 수 있었던 것, 그 결과로 나타난 대학교육의 보편화는 국민들의 높은 교육열과 국가의 고등교육 확대 정책의 교직에 힘입은 것이었다.

고등교육의 보편화, 대중화는 교육 기능과 학생선발, 교육 방법 등 거의 모든 면에서 변화를 유발한다. 엘리트 교육 단계의 고등교육이 사회지도층을 육성하고 엘리트 정신과 문화를 배양하는 기능을 담당했다면, 보편화된 고등교육은 산업사회에 적응할 국민을 양성하는 것으로 그 성격이 바뀐다. 중등교육 및 시험 성적을 기반으로 한 능력주의에 입각한 학생선발 원칙은 만인을 위한 교육을 보증하는 개방적 방향으로 변화하며, 컴퓨터와 통신 등에 의한 교수-학습이 이루어진다(박환보, 2008: 6). 한국의 대학 역시 이러한 흐름 속에 있다.

문제는 고등교육의 양적 확대에 따른 보편화 현상이 불과 수십 년이라는 짧은 기간 동안 폭발적으로 일어나면서, 다양한 방면에서 일종의 '지체' 현상이 나타나고 있다는 점이다. 게다가 코로나19로 인하여 예상치 못했던 방향으로의 사회적 이행이 가속화되고 있다. 이러한 대학의 지체 현상은 여러 방면에서 긴장과 갈등을 심화시키고 있으며, 대학이라는 집단 내에서도 대응력 및 대응 속도의 차이에 따라 다양한 층위의 문제를 내포하게 되었다.

학령인구 감소와 학습자의 변화

수도권 이외 지역 대학의 신입생 미충원 문제와 관련된 보도가 쏟아지고 있다. 주요 매체는 '초토화', '패닉', '벼랑 끝' 등의 수식어로 사태의 심각성을 알렸다. 코로나19 여파로 대학의 홍보

활동이 제한되었고, 심리적·경제적 이유로 대입을 미루는 경우도 있었던 탓도 있지만, 대학 미충원은 오랫동안 제기되어 온 문제이다. 출생률이 지속적으로 감소하고 있기 때문이다.

행정안전부가 발표한 〈주민등록인구통계〉에 따르면, 2020년 출생자는 27만 5,815명이다. 반면 사망자는 30만 7,764명으로, 처음으로 인구의 데드크로스가 발생했다. 인구 감소는 국가적으로도 중대한 문제지만, 대학의 입장에서는 당장의 생존이 걸려 있다 해도 과언이 아니다. 출생자 감소는 곧 학령인구 감소를 의미하고, 이는 '정해진 미래'라는 점에서 절망적이라는 말까지 나온다. 대학교육연구소가 통계청과 교육부의 자료를 활용해 분석한 결과, 만 18세 학령인구는 2024년 43만 명, 2040년엔 현재의 절반인 28만 명으로 줄어들 전망이며, 그에 따라 지방대 신입생 충원율은 70%를 밑돌 것으로 예상된다. 교육 수요보다 공급이 늘어난 상황에서, 과거에 학생을 '선발'했던 대학은 이제 학생의 '선택'을 기다리는 처지가 되었다.

이미 대학에 입학한 학생들의 이탈도 적지 않다. 대학 알리미 공시에 의하면 2020년 기준 전국 225개 4년제 대학의 중도 탈락 학생 수는 9만 3,954명으로 탈락률은 4.6%에 달한다. 특히 코로나19로 인한 예외 상태가 이탈을 심화시켰다. 팬데믹

탓에 학교 문턱을 한 번도 밟지 못한 채 2학년이 된 20학번 학생들은 스스로를 "미개봉 중고"라 부른다. 어차피 학교생활을 제대로 하지 못한 바에, 재수 등을 통해 다른 학교로 진학을 꾀하거나 기약 없이 휴학을 이어 가는 학생의 비율도 증가했다.

대학 재정의 과반을 등록금에 의존하는 사립대의 경우, 학생의 부재는 곧 학교의 위기를 의미한다. 닥쳐올 학령인구 감소로 인한 위기를 코로나19가 앞당긴 셈이다. 대학은 신입생에게 등록금을 면제해 주거나 각종 전자기기를 선물로 지급하는 등 어떤 방식으로든 입학 자원을 확보하려고 하였다. 일찍부터 해외로 눈을 돌려 외국인 유학생 유치에 힘을 쏟은 경우도 있다. 하지만 코로나19는 유학생 수요마저 차단해 버리고 말았다.

이러한 입학 자원의 감소는 두 가지 측면에서 학습자의 성격을 바꿀 것으로 예상된다. 첫째, 입학 자원의 학력저하이다. 기존에는 중등교육과정의 결과와 시험을 통한 학생선발이 가능했다. 그 결과 기초적인 수학능력이 검증된 학생들이 대학에 입학했고, 학교에 따라 차이는 있으나 고등교육이라고 할 수 있는 교과과정을 운영할 수 있었다. 그러나 수험생보다 입학 정원이 많은 상황에서는 하위권 학생들도 원한다면 대부분 대학 입학이 가능해진다.

둘째, 입학 자원의 기대 저하이다. 과거에는 대학교육이 희소성 있는 자원이었으며, 대입은 그 자체로 우월성의 표지로 작동했다. 그러나 대학교육이 보편화되고, 수요보다 공급이 많아진 현실에서 희소성이 지녔던 권위와 가치는 휘발되었다. 물론 누구나 대학에 간다는 그 이유 때문에 아직까지 대다수의 학생들이 대학 진학을 희망하지만, 이는 그것이 그들의 우월성을 입증해 줄 것이라 기대해서가 아니다. 특히 지방대의 경우 이러한 현상이 두드러지는데, 재학 중인 학교를 스스로 "지잡대"라 칭하는 학생들의 존재가 이를 잘 말해 준다. 기대감 없는 자기비하로 채워진 대학은 학생과 교수 모두의 의욕을 꺾고, 학업 부진, 연구 및 교육 능력 저하로 이어질 수밖에 없다.

게다가 사회·경제적 조건이 변화함에 따라 대학 졸업장의 가치는 점차 낮아지는 추세다. 대학에서의 전통적인 교육이 기업의 수요를 따라잡지 못해 재교육이 필요하다는 볼멘소리가 터져 나온 것은 어제오늘 일이 아니며, 인공지능 시대, 직무 자동화로 인해 대졸자가 주로 지원했던 사무직 일자리는 상당수 대체될 것으로 전망된다. 더불어 코로나19로 기업의 채용 규모가 대폭 축소되면서 극심한 '취업 한파'가 몰아닥쳤다. 2020년 6월 기준 25~29세 청년층의 실업률은 10.2%로, 15세

이상 전체 연령 평균실업률 4.3%의 두 배가 넘는다. 이처럼 대학 졸업이 취업을 보장하는 시대가 저물어가면서, "그래도 4년제는 나와야지"라는 격려는 "차라리 유튜버가 되라"는 조언으로 대체되었다. 여기에 실용적 지식을 선호하는 MZ세대의 성향이 맞물려, 대학교육의 가성비는 점점 더 떨어지고 있다.

아직까지 대학교육이 희소성 있는 자원으로 여겨지는 경우도 있다. 이른바 'SKY'로 줄세워지는 몇몇 명문대와 의치한 계열 등 자격 취득을 위한 특수 목적 학과가 그것이다. 학령인구급감의 상황에서도 이들 대학이나 학과에 대한 선호는 건재하다. 반면 지방대, 기초 학문 관련 학과에 대한 수요는 점점 더 빠르게 줄어들고 있다. "벚꽃 피는 순서대로 대학이 망한다"는 말처럼, 미충원률과 중도탈락률의 증가는 이들에게서 두드러진다. 139개 지방대의 중도탈락률은 최근 4년간 매년 증가해 2020년 5.4%에 달했다. 이는 수도권 42개 대학의 탈락률이 4.3%, 서울 소재 44개 대학의 탈락률이 3%에 그친 것과 대비되는 결과이다. 입학 자원의 학력저하와 기대 감소로 인한 구성원의 의욕 감퇴는 장기적으로 대학 간 교육격차의 확대로 이어질 것이다. 이는 이미 공고하게 서열화되어 있는 한국 대학의 구조적 문제를 심화시킨다.

온라인 교육의 보편화와 지식 전달 매체의 다변화

어릴 적 꿈꾸던 미래에 대한 상상에는 항상 이런 장면이 있었다. 학교에 가는 대신 집에서 화상으로 접속해 수업을 듣는다. 과제도 온라인으로 제출하고, 그만큼 빠르게 선생님의 피드백이 돌아온다. 친구들과도 화상으로 언제든지 얼굴을 맞대고 이야기를 나눈다. 코로나19를 겪으며 대학 구성원들은 이러한 디지털 연결 사회로의 전환을 본의 아니게 경험하게 되었다. 그리고 과학기술의 발전은 우리가 상상했던 미래의 대부분을 실현해 주었다. 화상 강의가 빠르게 자리 잡았고 교과서와 강의 자료는 온라인으로 배포되었으며, 랜선 팀플, 비대면 개강총회도 무리 없이 이루어졌다.

물론 초반의 혼란은 불가피한 것이었다. 거의 모든 대학이 개강을 미루었으며 급작스러운 비대면 강의에 대비할 시간을 충분히 갖지 못했다. 대학의 LMS는 자주 먹통이 되었고, 줌, 유튜브, 웹엑스, 구글미트, 마이크로소프트 팀즈 등 외부 자원에 기대어 학기를 시작할 수밖에 없었다. 그러나 시간이 지나면서 그러한 기술적 문제들은 대부분 해결되었다. 이를 통해 온라인 교육이 기존의 대면 교육을 완전히 대체할 수 없다는 공감도 생겨났지만, 동시에 대학교육의 상당한 부분이 온라인 교육으로 전환될 수 있겠다는 가능성 또한 경험하게 되었다.

현장에서 만나 본 대학생들은 온라인을 통한 비대면 교육에 한계가 있음을 인정하면서도, 여전히 온라인 강의를 선호한다. 심지어 교내 기숙사에 머무르면서도 대면·비대면 병행 강의에 비대면으로 참여하는 학생들이 상당수다. 그들은 그것이 단장하고 문을 나서야 하는 번거로움 없이 "솔직히 편해서" 좋고, 집에서 학교까지 통학하는 데 드는 시간과 비용을 절약할 수 있다는 장점이 있으며, 녹화된 동영상을 통해 반복학습이 가능하기 때문에 교육적 효과도 있다고 말한다. 대면 교육에서만 가능한 것으로 여겨졌던 학생 간, 학생-교수 간 소통도 실시간 화상 강의를 통해 얼마든지 가능하며, 오히려 대면 상황이 주는 긴장감에서 벗어나 훨씬 자유롭게 자신의 의견을 개진할 수 있게 되었다는 학생도 있다.

교수들도 온라인 교육의 장점을 많이 발견한 상태다. 그렇지만 여전히 교육 콘텐츠를 공급하는 입장에서의 어려움을 호소하는 사례가 많다. 온라인 교육을 위한 장비가 제대로 갖추어져 있지 않고, 수업 준비를 위해 초과 시간을 투입해야 하는 등의 문제는 분명 교수의 부담을 가중시키고 있다. 학생들이 장점으로 꼽았던 수업의 반복 재생 가능성 또한 교수에게는 썩 달갑지 않다. 녹화 영상의 반영구성 및 복제 가능성을 생각하면 강의 시간에 농담도 쉽게 할 수 없다.

무엇보다 대학의 강의실이라는 특수한 공간 내에서 이루어지던 수업 행위가 불특정 다수에게 노출될 수 있다는 점은 교수를 심리적으로 위축시킨다. 실제로 비대면 교육 초기에 유튜브 실시간 스트리밍을 이용한 강의에 학생 아닌 외부인이 대거 난입한 사례가 있었다. 그들은 익명으로 교수의 강의 내용과 방식을 무자비하게 비난하고는 홀연히 사라졌다. 물론 이를 일부의 일탈적 행동으로 치부할 수도 있겠지만, 가능성이 잠재해 있다는 것을 염두에 두지 않을 수 없다.

대학당국은 어떨까? 사실 대학은 코로나19 이전부터 온라인 교육을 확장하려고 시도해 왔다. "세상에 단 하나의 일반물리 강의가 존재해야 한다는 것은 아니지만, 그렇다고 해서 수천 개의 일반물리 강의가 존재할 필요도 없지 않느냐"는 말은 대학당국의 입장을 잘 보여준다. 대학교육이 지식의 단순 전달만으로 구성되는 것은 아니지만, 기본 개념과 이론을 중심으로 한 강의는 동영상으로의 전환이 충분히 가능하지 않겠냐는 것이다. 10년째 등록금 동결이 이어지고 있는 가운데 적자에 시

코로나 이후의 교육을 말하다: 변화

달리는 대학의 입장에서는 이렇게 함으로써 강좌당 수강 인원을 대폭 늘리고, 강좌 수를 줄여 강의료 등의 비용을 절감할 수 있다는 계산이 매력적이지 않을 수 없다.

이러한 대학의 기조는 교육부 정책과 궤를 같이한다. 2007년 사이버대학의 정규 학위수여기관으로의 승격, 2015년 K-MOOC 운영 시작 등을 통해 대학교육의 온라인화를 지속적으로 추진해 왔으며, 2020년에는 국내 대학들이 수준 높은 강의를 공유하는 '공유대학' 제도를 도입하겠다고 밝힌 것이다. 이는 고등교육의 실질적 기회를 모든 국민에게로 넓히고, 대학의 교수-학습 방안을 혁신하기 위한 목적하에 추진되었다.

대학에서 온라인 교육의 확대가 피할 수 없는 흐름인 것은 분명하다. 변화에 대응하여 대학의 인프라와 교수·학습 방법의 개선 등 노력이 필요한 것도 사실이다. 그러나 그 과정에서 고등교육의 시장화가 심화될 가능성도 크다. 코로나19 팬데믹 초기에 "어차피 온라인으로 수업을 들어야 한다면 모든 대학생이 서울대 수업을 들을 수 있도록 하자"는 의견이 한 포털에 올랐고, 상당히 많은 사람들의 지지를 받았다. 이 발언의 기저에는 서울대가 가지고 있는 권위와 서울대 강의가 다른 대학 강의와 비교하여 더 우월할 것이라는 인식이 깔려 있다. 어떤 강의가 다른 강의보다 가치 있으며 그 가치가 대학 서열에 따라 결정된다는 판단, 그리고 우월한 강의를 선택해서 들을 수 있다는 사고는 대학에서의 강의가 이미 대상으로 상품화되기 시작했음을 보여준다. 그리고 우리는 기술적으로 그것이 결코 불가능한 일이 아니라는 점을 알고 있다.

이러한 온라인 교육의 세계는 승자 독식 원리의 지배를 받기 쉽다(김경근, 2020: 22). 시공간의 제약을 넘어 언제 어디서나 강의 콘텐츠의 소비가 가능해지면서 이른바 일타 강사로의 집중 현상이 일어나게 되는 것이다. 그런데 이는 교수들 간의 강의력 경쟁을 넘어, 대학의 인프라 및 지원의 격차에 따라 결정될 가능성이 높다. 사교육 시장의 일타 강사는 혼자 강의하지 않는다. 압도적 인기를 얻는 강사일수록 많은 보조강사와 교재 연구원을 거느리고 있다. 대학교수도 마찬가지가 아닐까? 특히 온라인 강의처럼 물적 지원이 필수적인 경우, 대학 간 격차가 곧 강의력의 차이로 이어지리라는 짐작은 그리 어렵지 않다. 이번 코로나19 팬데믹을 통해서도 이를 확인할 수 있다. A대학은 3월 개강 전 이미 많은 비용을 들여 빠르게 LMS를 정비하고 온라인 강의 촬영 전용 첨단강의실을 구비한 반면, B대학은 교수 개인에게 온라인 교육 일체를 위임했다. 두 대학 학생의 만족도가 어떠했을지는 말하지 않아도 알 수 있다.

또 한 가지 문제는 대학 강의의 온라인화가 진행됨에 따라 대학 외부의 지식 전달 플랫폼과의 경쟁도 심화된다는 것이다. 유튜브, 지식백과 등 인터넷 기술에 기반한 지식 전달 플랫폼의 발달은 대학교육과 교수자의 지식정보 독점력을 앗아 가고 있다. 그들은 일차적으로 형식에 있어서 대중에게 매력적으로 다가간다. 사업으로서의 플랫폼은 최첨단 장비와 편집 도구를 갖추고 있으며, 대중적으로 인지도도 있으면서 전달력을 갖춘 인물을 화면에 등장시킨다. 또 짧고 간명한 영상으로 구성된 지식을 시청자는 입맛에 맞게 선택할 수 있다. 내용의 깊이나 사실 관계는 부차적인 문제처럼 보인다. 오히려 쉬운 지식을 기대하는 요즘 사람들의 요구에 부합한다고도 할 수 있다.

반면 대학교육에는 화려한 영상도, 쉬운 설명도 부족하다. 여기에는 교수법의 개발과 교수능력에 상대적으로 무관심했던 교수들의 반성도 필요하다. "엄마가 온라인 수업을 같이 듣다가 불면증을 고쳤다"는 한 학생의 기록은 교수의 전달력 부족을 우회적으로 비판한다. 이러한 상황은 대학의 교육방식과 체제, 나아가 내용에 대한 비난으로까지 이어진다. 그런 것은 유튜브에서도 배울 수 있다거나, 유튜버가 교수보다 더 잘 가르친다는 등의 언사가 그것이다. 이는 대학교육의 내용뿐만 아니라 교수법 또한 평가의 대상이 되어 대중 앞에 공개되기 시작했음을 의미한다. 교수가 가르치는 내용, 방법 모든 측면에서 권위의 해체가 일어나고 있는 것이다.

대학문화의 소멸

특히 코로나19를 통과하면서 학생들이 교수를 바라보는 시각에 유의미한 변화가 감지되고 있다. 비대면 교육이 처음 시작되었을 때, 일부 교수들은 온라인 교육에 전혀 적응하지 못했다. 강의가 곧 재개될 것이라 믿으며 개강을 자체적으로 미루는 경우, 십 년 전에 촬영한 영상으로 수업을 대체하는 경우 등 예외적이고 일탈적인 사례들이 미디어에 보도되었다.

반면 학생들은 교수보다 훨씬 빠르게 온라인 강의에 익숙해졌다. 그들은 디지털 네이티브라고 불리며 온라인 도구를 자유롭게 활용했다. 학생이 교수에게 사용법을 가르쳐주는 일도 빈번하게 일어났다. 기술 사용의 능숙도와 교수가 지닌 전문지식의 상관관계가 크지 않음에도 불구하고, 기술친화적이지 못하다는 이유 때문에 지식정보의 소유자로서 교수가 지니고 있던 권위는 일부 붕괴했다.

과거에는 진리의 전수자로서 교수는 나름의 권위를 가지고 있었고, 사제지간에는 그러한 권위에 대한 존경이 바탕에 깔려 있었다. 그러나 교수와 학생의 관계 또한 조금씩 계약자와 소비자의 차원에서 이해되어 가는 듯하다. 이전에도 그러한 측면이 없었던 것은 아니나, 점점 그 영역이 넓어지고 있다.

선후배 관계에서도 이러한 변화를 확인할 수 있다. 전역 후 복학한 대학생 A는 전공 수업에서 모둠 과제를 진행하게 되었다. A의 조는 1학년 신입생 2명, 2학년 1명, 그리고 A로 구성되었다. 모두 A가 휴학한 사이에 입학한 학생들이라 아직은 서먹했지만, 같은 학과 소속의 후배임에 틀림없었다. 원활한 과제 진행을 위해 단톡방을 개설하고 첫 인사를 나누었을 때, A는 놀라지 않을 수 없었다. 3명 모두 서로를 "○○님"이라고 호칭했기 때문이었다. A는 같은 과 선후배를 저런 이름으로 불러본 적이 없었다. 언니, 오빠, 형, 누나 아니면 선배였지, "○○님"이라니…. 군대에 있는 동안 많은 것이 바뀌었구나, 생각하면서도 어쩐지 무언가 잃어버린 것 같은 허전함이 A의 마음을 아리게 했다.

A의 경험은 요즘 대학생 사이의 선후배 문화를 단적으로

보여준다. 학과뿐만 아니라 동아리, 모임 등에서도 유사한 사례의 보고가 이어지고 있다. 원인은 다양하다. 복수전공, 취업준비, 아르바이트 등으로 각자 바쁘고 파편화된 학생들 사이의 교류가 과거처럼 빈번할 수 없는 현실, MZ세대의 개인주의적 성향, 수평적 관계에의 선호 등이 그것이다. 대학교육이 보편화되면서 대학생들의 자기 인식이 달라진 것도 중요한 요인이다. 대학교육이 더 이상 선택받은 소수에게 제공되는 특수한 경험이 아니게 되면서, 대학생 사이에 그러한 특별함을 공유하는 동질적 집단이라는 인식도 옅어졌기 때문이다. '대학문화'라는 것이 사라지고 있다.

1990년대 초중반까지만 하더라도 대학에는 명백히 다른 '두 문화biculture'가 공존하고 있었다(박권일, 2010: 65). 그것은 이른바 '운동권' 문화와 '비운동권' 문화로 요약된다. 과거 한국 대학은 저항의 상징이었다. 고등교육기관으로서 대학은 사회를 계몽하고 발전을 견인하는 역할을 해야 하며, 실제로 그렇게 하고 있다고 믿어졌다. 그렇기에 대학생들은 학생운동, 노동운동 등을 통해 사회 현실에 직접 뛰어들었고, 군부 독재에 저항했으며, 사회 변혁의 주체로 자처했다. 또한 과거 한국 대학은 주류 대중문화의 산실이자 가장 큰 소비처였다. 청바지와 통기

코로나 이후의 교육을 말하다: 변화

타로 상징되는 낭만적 청년문화는 곧 대중문화를 선도해 왔다.

그러나 지금은 상황이 달라졌다. 우리는 거시 담론이 사라진 시대를 살고 있다. 조국 근대화, 독재정권 타도 등의 구호는 그 대상을 잃었다. 무엇보다 오늘날의 대학생은 스스로를 엘리트나 사회 예비 지도층으로 여기지 않는다. 자신들은 전문화된 지식 세계의 입구에 이제 막 발을 들여놓았을 뿐인 "학부생따리"에 불과하다고 생각한다. 더 나아가 그들은 대학, 대학생이라는 특정한 시공간 속에서만 누릴 수 있는 무언가가 있다고 생각하지도 않는다. 대학과 사회의 구별은 이미 무의미해졌다. 시장 경쟁 체제 아래에서 생존하기 위한 개인의 노력은 대학에 있다고 해서 유예할 수 있는 것이 아니다. 문화적 측면에서도 변화는 작지 않다. 미디어 플랫폼의 다양화와 디지털 기술의 발전은 해외 콘텐츠에 대한 접근 장벽을 무너뜨렸다. 문화 향유에 있어 선택지가 무한대로 확장된 이러한 상황에서, 사람들의 취향은 점점 더 세분화, 개별화되기 십상이다. 주류 대중문화라는 것 자체가 성립되기 어렵다.

집단문화란 집단의 구성원들이 공통적으로 가지고 있는 가치, 신념, 관습, 전통을 의미하며, 집단이 동질적으로 구성되어 있을 때 빠르게 형성되는 특징을 지닌다(Toseland & Rivas,

1995). 오늘날 대학 구성원은 도달해야 할 공동의 목표와 향유해야 할 공동의 문화적 자산을 잃어버린 동시에 파편화되었다. 사회와 변별되는 대학의 특수한 자질로서의 '대학문화'는 점점 더 찾아보기 어려워지고 있다.

대신 대학 내부에서의 미시적인 구별 짓기가 횡행하고, 그것이 곧 이 시대의 새로운 대학문화가 되어 가는 것으로 보인다. 대학생들은 스스로의 소속을 '인서울'과 '지잡대'로 구분하고, 같은 대학 안에서도 '수시충(수시모집으로 입학한 학생을 비하하는 표현)', '지균충(지역균형인재전형으로 입학한 학생을 비하하는 표현)'으로 무리지어 멸시한다. 그들은 이러한 차별을 비판하기보다 내면화하면서, 개인적으로 더 나은 기표를 획득하기 위해 끊임없이 노력한다. 지방대 학생들은 재수나 편입을 통해 인서울로의 이동을, 인서울 대학의 학생들은 이른바 SKY나 의치한으로의 이동을 꿈꾼다. 모두가 위를 쳐다보고 있으니, 막상 지금 여기는 황폐화되기 일쑤다.

코로나19는 이러한 문제를 더욱 심화시킬 것으로 보인다. 지난 1년 동안 대학의 학생사회는 일시정지의 상태에 놓여 있었다. 교정에는 인적이 끊어졌고, 대학촌에는 빈 방이 넘쳐났다. 아예 만나지도 못하는 상황이 지속되면서 개별화, 파편화는

코로나 이후의 교육을 말하다: 변화

심화될 수밖에 없었다. 극단적으로 2020년 입학생 중에는 1년이 넘도록 대학에 한 번도 가보지 않은 경우, 친구를 한 명도 사귀지 못한 경우도 있다. 그나마 학생사회의 구심점 역할을 해 왔던 학생회도 위기를 맞았다. 서울 소재 대학 중 서울대를 비롯한 11곳이 2021년 학생회를 구성하지 못했다.

지방대의 경우, 이러한 정지 상태는 더욱 심각하게 다가온다. 교수-학습은 온라인으로 이루어졌지만, 학생이 대학생활에 적응하고 집단에 대한 소속감을 가질 수 있게 해 주었던 다양한 행사들이 모두 불가능해졌기 때문이다. 동아리 활동, 선후배 간의 술자리, MT 등이 사라진 자리에 남은 것은 굳이 대학에 다녀야 하는가, 라는 회의뿐이다.

대학문화의 실종은 대학 구성원 간 관계의 변화에 기인한다. 아무도 명시하지 않지만, 대학에서 선배와 후배, 교수와 학생 간의 위계는 엄연히 존재한다. 그러한 위계가 약화되는 방향으로의 변화는 대학 내 권력 분배라는 관점에서 일견 긍정적이다. 진정한 의미에서 구성원의 평등이 보장되고, 모두가 대등한 위치에서 주장하고 논쟁할 수 있다면 그야말로 이상적인 학문공동체로서 대학의 모습일 것이기 때문이다. 그러나 변화의 끝에서 위계뿐만 아니라 연결 자체가 사라진다면, 그래서 고립된 개인만 남게 된다면 그것은 문제가 된다. 이는 대학 존립에 있어서 위기일뿐만 아니라, 타자와의 관계 속에서 일어나는 배움을 불가능하게 하기 때문이다.

코로나19의 충격과 대학의 대응

고등교육의 보편화와 학령인구 감소는 대학의 체질 변화를 촉구하고 있었다. 변화에는 고통이 수반된다. 변화의 필요성을 인식하면서도 고통을 유예해 왔던 대학과 구성원들에게 코로나19는 더 이상 망설일 시간이 없음을 느끼게 한 사건이었다. 코로나19를 겪으면서 대학이 지니고 있던 권위와 아성은 해체의 조짐을 보이기 시작했다. 대학당국과 교수 역시 이러한 상황에 더 이상 무관심할 수 없게 되었으며, 상투적·거시적 담론이 아닌 구체적이고 실천적인 대안을 마련하고자 노력하고 있다.

먼저 정부 정책을 살펴보자. 첫째, 대학교육의 수요·공급 조절이다. 정부는 2004년부터 지방대 및 수도권 대학을 대상으로 특성화 사업을 시행하며 대학의 자율과 경쟁, 선택과 집중을 중시하는 구조조정 정책 기조를 마련했다. 2015년부터는 대학평가를 통해 하위권 대학에 대한 강제적인 정원감축을 시행했으며, 그 결과 2020년 대입 정원은 31만 2,809명으로 2013년 대비 약 2만 8천 명 가량 줄어들었다. 이는 학령인구 감소에 선제적으로 대응하기 위함이었다.

둘째, 산업계 연계 교육 강화이다. 최근 교육부가 발표한 〈미래교육 전환을 위한 10대 정책과제(안)〉은 산업 수요를 반영한 실무인재 양성, 산업맞춤형 인력양성 내실화, 재직자의 후학습 지원 강화 등의 내용을 담고 있다(교육부d, 2020). 사실 대학은 그 시작부터 국가 통치와 사회 유지를 위해 필요한 특정한 지식을 갖춘 전문 인력을 기르기 위한 기관이었다. 중세 서양의 대학 편제는 법학, 의학 등 실용적인 지식 중심이었다. 산업계 연계 교육은 현 시대에 필요한 실용적 지식을 지닌 인력을 양성하기 위한 것이다.

셋째, 대학 운영의 자율성을 확대하고 공유성장형 지역 고등교육 생태계를 조성하겠다는 것이다. 지역 고등교육 생태계란 지역대학과 지자체, 지역 내 산업체 등의 연계를 강화하여 대학이 양성한 인재를 지역 내에 공급하는 것을 목적으로 하고 있다. 이것이 자리잡게 된다면 인구감소 및 성장둔화를 겪고 있는 비수도권 지역과 지방대의 상생모델로 기능할 수 있다.

한편, 교육부의 미래교육안에서 큰 비중을 차지하는 것이 교육의 디지털 전환을 위한 제도 및 인프라 마련이다. 이는 코로나19와 맞물려 특히 중요한 과제로 부상하고 있다. 2020년 9월 교육부는 〈포스트 코로나 미래교육 전환을 위한 디지털 기반 고등교육 혁신 지원 방안〉을 발표했는데, 그 첫 번째 추진 전략은 다음과 같다. "대학 학사운영의 뉴노멀을 정립하여, 디지털 기술을 교육과정 혁신의 기회로 활용한다" 대학이 대면 또는 비대면 수업방식을 자율적으로 운용할 수 있도록 원격 수업 운영에 관한 규제를 대폭 개선하겠다는 것이다. 대학이 단독 또는 타 대학과 함께 온라인으로 석사과정을 운영할 수 있도록 하고, 나아가 국내대학이 외국 대학과 공동으로 학사학위과정까지 운영할 수 있게 한다고 한다.

이러한 정부 정책은 대학에 닥친 위기를 어느 정도 지연시킬 수 있을 것으로 보인다. 문제는 정부의 대응 방법이 대중적인 것에 치중되어 있으며, 정책 간에 상충하는 지점도 존재한다는 것이다. 단계적 정원감축은 미충원 대학이 급격하게 늘어나는 것을 막기 위한 것이지만, 등록금 수입에 의존하는 사립대의 재정을 더욱 악화시킨다. 장기적인 대학 체제 개혁에 대한 구상 없이 시장주의적 구조조정을 강화하고, 일률적 평가를 통한 줄세우기로 서열구조를 더욱 굳히고 있다는 비판도 있다

(윤지관, 2019). 재학생 충원률, 취업률 등이 평가의 주요 지표로 작동하면서 기초학문 고사, 지방대 몰락을 가속화하는 결과로 이어질 가능성도 높다.

산업 수요 연계 교육 강화는 취업률 제고의 효과를 노린 것이지만, 실용에 대한 관점이 편협하게 작동할 위험도 있다. 당장의 수요만을 쓸모 있는 것으로 간주하고, 그에 대응하여 학과를 개편하거나 교육과정을 운영하는 것은 자칫 기초학문과 인문학 계열 전공의 존립을 위태롭게 할 수 있다.

원격 수업 확대 및 온라인 기반 공유대학 운영은 대학별 강점을 살리고 유학생을 유치할 수 있는 기반이 될 것으로 기대하지만, 국립대와 상위권 대학으로의 쏠림 현상이 가속화되는 등의 부작용도 예상된다. 특히 지방대에 대한 정책적 지원이 국립대에 편중되면, 지방 사립대는 이중의 위기에 처하게 된다. 이미 정부는 국립대학 육성사업을 통해 국립대 경쟁력 강화에 나섰으며, 추가 재정 투자를 계획하고 있다. 사립대 또한 10년 넘게 등록금 동결이 이어지면서 재정적 어려움을 겪고 있는바, 그에 상응하는 조치가 반드시 필요하다. 또 코로나19를 겪으며 경험한 것처럼 비대면 원격 교육의 교육적 효과가 높지 않다는 점도 문제다. 교육의 질을 높이기 보다는 이를 기회로 대학이 구조조정에 돌입하는 등 재난 자본주의가 본격적으로 작동할 것이라는 우려 섞인 목소리도 적지 않다.

이러한 문제점에도 불구하고, 개별 대학은 정부의 정책기조를 수용하는 입장이다. 먼 미래를 바라보고 심모원려深謀遠慮하기에는 당장의 생존이 위태롭기 때문이다. 평생교육, 재직자교육 등을 확대해 입학 자원을 다변화하기 위해 노력하고, 원격 수업을 위한 인프라 구축 및 교수법 개발도 활발하게 진행되고 있다. 신입생의 선호를 고려하여 융복합과 실무 중심으로의 학과 및 전공단위 개편도 매우 빈번하게 일어난다. "정권도 5년에 한 번 바뀌고 강산도 10년에 한 번 바뀐다는데 학과 이름은 1년에 한 번씩 바뀐다"거나 "입학 후 학과명이 바뀌었고, 전역 후 복학해 보니 또 바뀌었다. 졸업은 무슨 전공으로 하게 될지 모르겠다"는 재학생들의 볼멘소리는 과장이 아니다. '학생중심교육'이라는 명목하에 아예 전공이나 학과의 제한을 없애는 경우도 생겨나고 있다. 학생이 원하면 언제든 어떤 전공으로든 전과할 수 있게 한다거나, 복수전공을 필수로 하여 개별 전공의 이수학점 기준을 하향화하는 것이다.

교육 내용과 방법에 있어서의 변화도 두드러진다. 대학 당국은 교수들에게 산업계와의 연계, 혹은 산업계 관점을 강조하면서 캡스톤디자인 교과목을 신설하고, 실질적 결과물을 제출할 수 있는 프로젝트 중심으로 수업을 구성하도록 주문한다. 그리고 이를 교원평가에 활용하는 방향으로 개별 교수자의 교수활동에 개입한다. 학생들에게는 "하면서 배운다"는 모토에 따라 실무 경험을 통한 학습을 강조한다. 물론 이러한 교과목은 학생에게 대학 밖 현장을 미리 경험하게 함으로써 사회 변화에 대응할 수 있는 능력을 길러 줄 수 있을 것이다. 그러나 한정된 이수학점 내에서의 교과목 변화는 상대적으로 이론, 기초 교과의 위축으로 이어진다. 이론과 기초 없는 실무 교육은 피상적이고 공허하다. 과연 이러한 교육이 학생들에게 무엇을 배울 수 있게 할 것인가에 대해 심도 있게 검토해 볼 필요가 있다.

고등교육의 이상과 현실

지금까지 대학의 위기와 그 대응책을 논하는 자리에서 주로 등장했던 단어는 사학비리, 정부 규제, 대학의 자율성 및 공공성 회복 등이었다. 이는 한국 대학 제도의 고질적 병폐인 동시에 대학 구성원의 생존과 직결된 중요한 문제들이었다. 하지만 저러한 거대 담론이 반복되는 동안, 상대적으로 대학교육의 목적과 내용, 방법에 대한 논의에는 소홀했던 것도 사실이다. 예를 들어 대입의 공정성, 학생선발 자율권을 강조하는 것에 비해 입학 후 교육의 구체적 면모에 대해서는 학부모도 대학도 무관심하다. 학생만족도는 낮을 수밖에 없다. 교육이 일관된 목적에 따라 이루어지기보다는 현실 상황에 대응하는 방향으로 밀려 가는 경향도 강하다. 목적을 잃고 시대의 격랑에 휩쓸려 부유하면서 승선한 인원의 각자도생을 지켜만 보는 것, 대학 위기의 근본적 원인은 여기에 있을지도 모른다.

또한 과거 대학이 지녔던 이상과 당위, 현재의 물적 토대 사이의 괴리와 코로나19로 가속회된 대학의 위상 변화는 대학교육 종사자들을 괴롭게 하고 있다. 먼저 「교육법」에서 대학교육의 목적을 어떻게 규정하고 있는지 살펴보자.

대학은 국가와 인류사회 발전에 필요한 학술의 심오한 이론과 그 광범하고 정치한 응용방법을 교수연구하며 지도적 인격을 도야하는 것을 목적으로 한다. (1949년 12월 제정, 「교육법」 제108조)

대학은 인격을 도야하고 국가와 인류사회의 발전에 필요한 심오한 학술 이론과 그 응용방법을 가르치고 연구하며, 국가와 인류

사회에 이바지함을 목적으로 한다.(2011년 전문개정, 「고등교육법」 제28조)

1949년 대한민국 정부 수립 후 제정된 「교육법」 제108조는 대학의 목적을 크게 세 가지로 분류하고 있다. 첫째, '심오한 이론'을 교수 연구한다. 둘째, '응용방법'을 교수 연구한다. 셋째, '지도적 인격을 도야'한다. 여기서 천명한 대학의 목적은 2011년 현재도 거의 그대로 이어지고 있다. '지도적 인격'이 '인격'으로 바뀌고 '국가와 인류사회에 이바지함'이 추가된 것은 시대적 변화를 반영한 것이라 할 수 있다. 해방 이후 국가 재건을 위한 지도자 양성이 고등교육의 당면 과제이자 절실한 목표였다면, 지금은 국민국가 단위를 넘어 세계적 차원에서 인류에 공헌하는 것으로 그 목적이 조금 확장된 것이다. 즉 대학은 중등교육까지의 교육에 대응하여 더 고차원적인 교육과 연구를 통해 심오한 진리를 탐구하고, 전문적인 지식을 습득하는 학교 제도의 최종 완성단계(신현석, 2005)이자, 인류에 공헌할 수 있는 인재를 양성하기 위한 기구로 규정되고 있다.

그런데 이상의 목적이 현 상황에서 얼마나 유효한지에 대해서는 회의적이다. 첫째, 현재의 대학은 심오한 진리 탐구의 공간이라 할 수 있는가? 대학교육의 보편화에 따른 입학 자원의 학력저하와 사회 수요의 변화는 대다수 대학 구성원에게 학술 이론에 몰두할 여지를 주지 않는 듯하다. 수강신청 기간이 되면 각 대학 온라인 게시판에는 '꿀강'을 추천해 달라는 글이 빈번하게 등장한다. 꿀강이란 적은 학습량, 쉬운 학습내용, 깐깐하지 않은 교수 등으로 구성되는 강의를 지칭한다. 대학에 와서 누가 더 적게 공부했는가를 자랑하는 세태는 참으로 기묘하다. 물론 이 시대의 대학생은 그 어떤 세대보다 열심히 공부한다. 다만 취업에 별 도움이 안 되는 대학 수업에 집중하는 대신, 그들은 꿀강으로 아낀 에너지를 각종 자격증, 어학능력, 공무원 시험 준비에 쓰고자 한다. 대학 졸업장이 일자리를 보장하지 못하는 현실을 생각하면, 한편 당연한 일로 여겨지기도 한다.

둘째, 그렇다면 현재 대학은 주어진 이론의 실용적 응용에는 능한가? 1990년대 말부터 산업계 수요와 대학교육의 불일치에 대한 비판이 거세지기 시작했다. 이는 산업계의 빠른 변화를 대학이 쫓아가지 못했기 때문이다. 다시 말하면 대학이 가지고 있는 기술, 연구력이 기업에 미치지 못하는 상황이 도래한 것이다. 그도 그럴 것이, 연구와 기술 개발에 투여할 수 있는 자본력은 대학이 기업보다 훨씬 부족하다. 결과적으로 우

수한 인력은 대학보다 산업계로의 진출을 선호한다. 특히 인공
지능, 데이터사이언스와 같은 새롭게 등장한 고부가가치 창출
분야일수록 이러한 현상이 가속화되고 있다.

무엇보다 '심오한 학술적 진리'에 대한 인식 자체가 변화하
고 있음에 주목해야 한다. 과거에 대학은 진리의 상아탑으로
여겨졌으며, 단일한 진리라는 숭고하고 명확한 목표의 추구를
위한 공동체를 지향했다. 그러나 현대 사회는 그러한 단일하고
절대적인 진리의 존재를 용납하지 않는다. 대신 상대적이고 가
변적인 지식 체계를 기반으로 사회가 운영된다. 대학 역시 진
리 추구의 상아탑이 아니라 그러한 상대적 지식 체계를 연구,
교수, 보급하는 곳이 되었다. 이는 두 가지 방향에서 고등교육
의 이상과 현실의 괴리를 유발한다.

첫째, 진리 탐구라는 절대적 권위가 사라지게 되면, 사람을
추동하는 힘은 이익에서 나올 수밖에 없다. 지식의 가치는 누
가 더 많은 교환가치를 생산해 내는가에 의해 정해진다. 교수
는 연구자이면서 정부와 기업의 펀드를 따와야 하고, 산학협력
이라는 이름으로 교육내용을 산업계 수요와 연계해야 한다. 삼
성의 성균관대, 두산의 중앙대 인수가 보여주듯 대기업이 직접
대학을 운영하며 영향력을 행사하는 사례도 생겨났다. 학생들

또한 실용적 학문으로 몰리고, 기대 이익이 큰 기업으로 향한
다. 절대적 진리의 세계를 희구하는 것에서 자본 추구를 향한
저돌로 구성원의 목표가 변화하는 것이다. 과거에는 진리의 상
아탑에 종사하거나, 잠시 거쳐 간 것만으로도 상징자본을 통해
이익을 획득할 수 있었지만, 보편교육의 단계로 접어든 지금은
그 또한 기대하기 어렵다. 무엇보다 대학 자체가 신자유주의적
경쟁 구도에서 자유롭지 않다. 정부의 대학평가 및 그에 따른
보조금 배분이라는 체제를 벗어날 수 없기 때문이다.

둘째, 상대적 지식 체계의 확산은 누구도 지식의 차원에서
절대적 우위에 서지 않음을 의미한다. 이는 권위의 해체와 평
등이라는 긍정적 기능을 할 수 있다. 최근 많은 대학이 사회 수
요 부응의 명목하에 실용·융복합 학문을 강조하고 있다. 미용,
게임, 만화, 요리 등 과거에는 여기餘技 혹은 실용지식으로 여
겨졌던 것들이 대학 제도 내에 하나의 학문 분과로 자리 잡기
시작한 것이다. 이에 대한 반발도 적지 않다. 이미 보편화된
대학교육의 소비자들과 엘리트교육의 단계에 머물러 있는 일
부 교수와 구성원들 사이의 기대 부조화 때문이다. 이상적인
목적과 실제 현실 간의 괴리는 대학 구성원을 좌절하게 한다.
교수는 교수대로, 학생은 학생대로 각각의 기대와는 다른 현실

을 마주하게 되기 때문이다.

이 같은 고등교육의 이상과 현실의 괴리 속에서 미래교육 담론이 점차 확산되고 있다. 급변하는 미래 사회에 대응하기 위해서는 특정한 지식 그 자체를 배우는 것보다 "배우는 법을 배우는learn how to learn" 것이 중요하며, 교육은 교과지식의 전달이 아니라 학습자의 '역량'을 길러 주는 것을 목표로 해야 한다는 것이다. 이러한 맥락에서 교수의 역할은 지식을 '가르치는teaching' 것이 아니라 학습을 '보조하는coaching' 것으로 변화한다. 미래교육은 디지털 기술의 발달을 기반으로 하는데, 이는 교수의 역할 변화를 더욱 심화시킨다. 다수의 대학이 AI를 이용한 '적응형 학습체제Adaptive Learning System'를 도입했으며, 정부는 K-MOOC를 통해 모듈화된 다양한 온라인 콘텐츠를 집적하는 중이다. 코로나19를 통해 교실 밖 수업의 필요성에 대한 사회적 합의가 더해지면서 원격 교육으로의 전환에 박차를 가하고 있는 것이다. 이제 학습자는 알고리즘이 제공하는 맞춤형 원격 교육을 통해 지식을 습득할 수 있으며, 다양한 온라인 콘텐츠를 선택하여 학습할 수 있다. 교수는 불특정 다수의 학생들이 원격으로 학습하게 될 콘텐츠를 생산하고, 강의는 학생의 개별화된 학습을 독려하거나 보충하는 형태가 될 것이다. 이는 지식의 습득에 있어 효율적이며, 학생의 능동적 학습 태도를 길러 줄 것으로 기대된다. 이러한 학습 경험을 통해 학생은 무엇이든 새롭게 배울 수 있는 역량을 지니게 된다는 것이다.

그러나 교육은 수많은 모순되는 목적과 관계와 순간이 모인 통합의 과정이며 관계를 통해 의미를 만들어 가는 사회적 경험이자 활동으로, 이를 간과한 개별화된 프로그램은 지극히 제한적인 차원의 학습만이 가능할 것이라는 우려(남미자, 2020)에도 귀 기울일 필요가 있다. 교육과 학습이란 지식을 전달하고 수용하는 것만이 전부가 아니며, 참여와 상호개입을 통해 공동체의 일원임을 느낄 수 있을 때 완성된다. 개별화, 자율화된 원격 학습은 이를 불가능하게 한다는 점에서 문제적이다.

또한 역량교육의 중요성을 부정하는 것은 아니지만, "배우는 법을 배우는 것"만이 미래 사회를 대비하기 위한 대학교육의 목적이 될 수는 없다. 고등교육과정을 마친 학생이 무엇을 알아야 하는가를 결정하고, 그 내용을 조직화하고, 4년 이상의 시간에 걸쳐 전문적으로 교육하는 것은 반드시 필요하다. 그것이 고등교육의 사회적 책무이기 때문이다. 미래교육 담론이 디지털 전환이라는 교육공학적 방법뿐만 아니라 목적과 내용에 대한 논의에 더욱 주목해야 하는 이유가 여기에 있다.

변화의 방향 모색, 코로나19가 보여준 가능성

코로나19는 기존의 질서와 지식체계가 무화되는 경험을 선사했다. 대학의 위상변화는 예견된 것이었으나, 위기를 지나 대학무용無用론까지 등장하게 된 것은 코로나19의 충격과 무관하지 않다. 대학교육에 대한 수요가 지금 당장 극적으로 줄어들지는 않을 것이다. 또 고등교육은 사회 구성원의 지식수준을 높이고 민주시민으로의 역량을 강화해 사회의 건강성을 유지하기 위해 매우 중요하다. 지금은 대학교육의 목적과 내용, 방법에 대한 재고와 사회적 합의를 향해 적극적으로 움직일 때다.

정부는 거시적인 차원에서 대학교육의 목적을 정립해야 한다. 전문교육과 교양교육으로 대학교육의 기능을 세분화하고, 각각을 고도화해야 한다. 최근 대학교육의 기조가 교수의 지식 전수보다 학생의 역량 함양을 중시하는 방향으로 변화하면서, 특정한 지식의 전달을 위주로 하는 교육은 낡은 것으로 치부되는 경향이 있다. 그러나 학술적 담론의 생산, 고등지식의 전수는 초중등교육과 변별되는 대학의 고유 기능이기에 전문교육을 통해 이를 수행할 수 있도록 해야 한다. 물론 사회 변화에 따라 요구되는 전문지식의 내용과 성격은 달라진다. 변화가 거셀수록 대학과 교수는 깨어 있는 태도로 시대의 변화를 주시하고 그에 응답해야 하다.

시대의 필요에 따른 교육이란, 산업계의 요구에 즉각 부응할 것만을 의미하지 않는다. 당장의 쓸모를 찾기 어렵기 때문에 배제하는 관점은 '실용'을 너무 편협하게 해석한 결과이다. 취업이 어려워지면서, 학생들 사이에서는 산업과 직접적 연계가 어려운 기초학문 및 인문학 전공에 대한 선호도가 떨어지고 있다. 대학 당국은 이러한 시류를 좇아 관련 학과를 축소시키고자 한다. 그러나 현재의 지평을 넘어 미래를 전망하기 위해서는 지금 보이지 않는 것을 보기 위한 지적 시도들이 쌓여야 한다. 대학이 아니라면 그러한 시도가 어디에서 가능할까?

또 대학교육은 한 사람이 시민사회의 구성원으로 의미 있고 행복하게 살아갈 수 있는 역량을 기르는 시작점이 되어야 한다. 그런 점에서 교양교육은 매우 중요하다. 마사 누스바움은 미래의 세계시민에게는 다국적 기업의 광고에 맞서는 '비판적 사고력'과 타자에게 공감할 수 있는 '서사적 상상력'이 필요하며, 예술과 인문학은 이를 위한 중요한 문화적·교육적 자원이 된다고 주장하였다(곽덕주 외, 2018: 4). 즉 자본에 입각한 시장경제체제 속에서 살아가는 개인에게 대학의 교양교육은 체제의 모순을 사유하고 대안을 실천할 수 있는 힘을 키워준다. 2010년 이후 대학은 교양교육의 중요성을 인식하고 교육단위를 단과대학으로 승격하고, 교양교육 자체의 목적을 달성하기 위한 교육과정 쇄신안을 시행하는 등의 노력을 기울이고 있다. 그러나 여전히 교양교육은 신입생이나 저학년 중심으로 이루어지고 있으며, 그 내용도 전공교육을 위한 기초소양이나 박학博學의 추구에 머무르는 경향이 있다.

대학과 교수는 교육내용과 함께 교수방법의 혁신을 위해 노력해야 한다. 지금까지 일부 교수들이 학부교육의 방법론에 좀 더 무관심했던 것도 사실이다. 여기에서는 코로나19의 영향이 긍정적으로 작동하는 중이다. 온라인 강의 공개는 교수의 수업 방식을 적나라하게 드러내 교육방법에 대한 성찰의 계기로 작동하였고, 새로운 교육공학 기술에 익숙해지기 위해 교수법 연수에 참여하는 교수 숫자가 급증했다(변기용 외, 2021: 191). 이것이 교육방법의 변화 필요성에 대한 실질적 공감대 형성으로 이어지고 있다. 코로나19로 인한 비대면 교육이 종료되더라도, 대학교육 전반에 새로운 기운을 불어넣을 것으로 기대한다.

지난 20년간 한국 대학에 내려진 위기 진단은 "모두가 병들었는데 아무도 아프지 않았다"는 어느 시인의 말을 떠올리게 한다. 위기가 너무나 일상적이라 그것을 지각하지 못했던 것이다. 코로나19는 위기를 가시화하고 해결책 모색을 촉구하고 있다. 그러나 현재 한국 대학이 직면한 문제는 어느 한두 가지 사항에 대한 간명한 답안의 제출로 해결될 수 없다. 앞서 검토한 것처럼 대학의 문제는 우리 사회 전체와 복잡하게 얽혀 있으며, 전망은 낙관적이지 않다.

그러나 코로나19라는 재난의 강력함이 우리에게 다시 한번 기회를 줄 수도 있지 않을까? 사회 제 분야에서 뉴노멀이라는 이름으로 변화가 일어나고 있고, 대학도 그 흐름 속에 있다면 코로나19 이후 변화의 향방을 모색하고, 가능한 연착륙을 시도해 볼 수 있지 않을까? 그리고 새로운 대학 변화의 방향이 설득력을 지니기 위해서는 코로나19 이후 새로운 삶의 모델에 부합하는 '대학의 역할'을 재구성할 필요가 있다. 우리 사회는 무엇을 필요로 하며, 대학은 요구를 감당하기 위해 어떤 역할을 할 수 있고 해야만 하는가? 코로나19 이후 대학교육은 이 질문을 던지는 것으로부터 시작해야 한다.

제4장

더 넓은 공동체, 더 깊은 민주주의
— 코로나19와 교육행정의 과제

김 용

사적 차원에서 교육을 하던 시대에서 공교육과 의무교육 제도를 거대 규모로 운영하는 시대로 이행하면, 불가피하게 교육에 대한 국가의 역할이 중요해진다. 교육에 대한 국가의 관여는 한편으로는 통제의 성격을, 다른 한편으로는 지원의 성격을 지닌다. 국가 관여가 어떤 성격을 지니는가는 학교에서 이루어지는 교육의 내실, 즉 교육과정 운영이나 교육방법 구사와 관련된다. 국가가 결정한 교육내용을 모든 학습자에게 주입하는 방식의 교육이 일반적인 상황에서는 관리 또는 통제적 성격의 국가 관여가 보편적이지만, 학교마다 특색을 살리고 학생에게 적합한 교육을 운영하는 것이 대세를 이룰 때는 지원적 성격의 국가 관여가 활발해진다.

한편, 공교육 체제가 발달하면 학교 조직이 복잡해지면서 학교를 운영하는 방식에 관한 논의가 시작된다. 역사적으로 보면 학교는 오랫동안 교회의 지배를 받았으나, 근대 이후에 국가의 통제 아래 놓이게 되었다. 국가가 학교를 관리하는 시대에는 학교가 하나의 관료 조직처럼 운영된다. 그 후에 교사들이 전문가로서 학교를 운영해 온 시기가 길지 않게 전개되었으며, 근래는 시장 원리에 따라 학부모의 선택이 학교 운영에서 강조되고 있다.

코로나19 이전의 교육행정: 분권, 연계와 협력, 그리고 자치

코로나19는 한국 교육행정과 학교 운영 방식의 변화를 둘러싼 논의와 실천이 한창 이루어지던 시점에 손님처럼 찾아왔다. 당시 변화의 핵심어는 분권, 연계와 협력, 그리고 학교자치였다.

분권은 교육부와 시·도교육청, 그리고 교육지원청 사이의 관계 변화에 관한 것이다. 한국 교육은 오랫동안 중앙집권적이었다. 교육부가 막대한 권한을 가지고 많은 사무를 직접 관장하였다. 많은 일이 교육부가 결정하고, 시·도교육청과 교육지원청은 이를 학교로 전달하는 방식으로 이루어졌다. 중앙집권적으로 교육을 운영하는 방식은 전국적으로 균질한 수준의 교육을 제공하고, 어떤 교육 방침을 효과적으로 집행하는 데 이점이 있다. 반면, 학교마다 상황에 맞게 자율적으로 교육을 운영하는 일을 저해할 가능성이 크다. 이런 문제의식에서 1980년대 말부터 교육분권과 자율이 한국 교육의 개혁 방향으로 제안되었다(정범모, 1991).

1991년 부활한 지방교육자치제는 교육분권을 실현하는 중요한 제도적 장치였다. 지역 주민이 스스로 지역교육행정의 수장을 선출하고, 지역 주민의 의사에 따라 교육을 전개하도록 하여 교육분권을 이루자는 취지였다. 2000년대 후반 주민이 교육감을 직접선거로 선출하기 시작하면서부터 교육자치제의 취지가 살아나기 시작했다.

그러나 교육분권 과정은 순조롭지 못했다. 우선, 법·제도적인 걸림돌이 있었다. 교육 관련 법령에는 "교육부장관과(또는) 교육감은 … 할 수 있다(또는 해야 한다)"와 같은 조문이 적지 않다. 예를 들어, 코로나19가 발발하자 교육부장관이 모든 학교에 휴업 명령을 발동했는데, 그 근거가 된 「감염병의 예방 및 관리에 관한 법률」 제50조 제2항은 "교육부장관 또는 교육감은 감염병 발생 등을 이유로 「학교보건법」 제2조제2호의 학교에 대하여 「초·중등교육법」 제64조에 따른 휴업 또는 휴교를 명령하거나 「유아교육법」 제31조에 따른 휴업 또는 휴원을 명령할 경우 질병관리청장과 협의하여야 한다"고 규정되어 있다.

교육부와 시·도교육청 관계가 원만할 때는 이와 같은 공동 사무를 어떻게 처리할 것인지에 관하여 협의가 가능하지만, 그렇지 않을 때에는 언제든 갈등으로 비화할 가능성이 있다. 실제로 이명박 정부 당시 교원평가나 자립형 사립고 지정·평가, 그리고 학교폭력 관련 처벌 내역을 학교생활기록부에 기재하는 문제 등을 둘러싸고 교육부장관과 일부 시·도교육감 사이에 소송이 빈발했던 경험이 있다.

이런 배경에서 교육자치·분권이 추진되었다. 시·도교육청 자체에서 할 수 있는 일은 직접 주관하고, 교육부는 전국을 대상으로 하거나 시·도교육청에서 단독으로 수행하기 곤란한 사무를 관장한다거나, 유·초·중등교육에 관한 사무는 시·도교육청이 모두 직접 수행하고, 교육부는 고등·평생·직업교육을 중심으로 역할과 사무를 재조직해야 한다는 주장까지 제기되었다.

이런 방식의 개혁은 다양한 근거에서 정당화되었다. 국가가 주도하는 획일적 교육을 학교 특성을 살리는 다양한 교육으로 바꾸기 위해서는 분권이 필수불가결하다. 교육분권이 이루어져야 교육부와 시·도교육청 사이에, 그리고 시·도교육청 간에 정책 경쟁이 이루어지고 정책의 질이 제고된다. 교육은 지역 주민의 요구에 부응해야 하는데 주민과 거리가 상대적으로 가까운 시·도교육청이 주도성을 발휘해야 주민들의 교육 만족도가 올라간다는 등의 이유가 제시되었다. 문재인 정부 출범 이후 교육부와 시·도교육청은 〈교육자치·분권협의회〉를 구성하고, 교육부가 관장해 오던 사무 중 시·도교육청으로 이관할 사무를 추리는 일을 적극적으로 추진해 왔다.

한편, 지역에서는 교육행정과 일반행정의 관계를 연계와 협력을 중심으로 구성하고자 노력해 왔다. 우리나라는 지역의 일반 사무는 시·도지사가 관장하지만, 교육 사무는 시·도교육감이 리더십을 발휘하는 분리형 지방자치를 운영하고 있다. 사실 이런 형식의 자치 구조는 세계적으로 흔히 발견되지는 않는다. 그러나 국가가 주도하는 교육이 수많은 청년 학생을 전쟁터로 내몰았던 역사가 있거나 일반행정에 교육행정이 종속된 상황에서 적지 않은 교사들이 부정선거에 동원된 경험이 있는 경우에 분리형 교육자치는 교육의 자주성을 지키는 중요한 제도로 환영받고 있다.

분리형 교육자치는 교육의 자주성과 전문성을 지키면서 지역교육에 대한 책임을 분명히 하는 이점이 있는 반면, 시·도청이 주관하는 일반행정과의 유기적 협력이 어려운 단점도 있다. 분리형 교육자치를 운영하는 과정에서 양자를 통합하자는 움직임이 있었으나, 시·도교육청은 수세적·방어적 입장을 취하는 경우가 적지 않았고, 시·도청은 명문고를 유치하거나 영어마을을 세우는 등 주민들의 요구에 인기 영합적으로 반응하거나, 교육에 전혀 무관심했다.

　이런 배경에서 지역 차원에서 교육행정과 일반행정이 만나야 한다는 논의가 교육계로부터 촉발되었다. 뜻있는 교육자들이 학교교육을 혁신하기 위한 노력을 시작하면서 교육을 학교 담장에 가두지 말고, 학교 밖 마을까지 펼쳐야 한다는 인식에 이르렀고, 이를 실현하기 위하여 혁신교육지구 사업을 제안하였다.

　이 사업은 시·도교육청과 기초지방자치단체가 해당 시·군·구를 혁신교육지구로 지정하고, 양자가 일정한 금액을 출연하여, 지역 주민들의 참여 속에서 지역의 다양한 교육 자원과 시설을 활용하여 교육을 전개하는 것이다. 교육계에서는 교과서 지식에 갇힌 교육을 넘어 지역 속에서 살아 있는 교육을 전개할 수 있다는 점에서, 지역에서는 지역사회 안으로 학교가 들어오고, 지역을 되살리는 계기를 만들 수 있다는 점에서 호응이 높다. 경기도에서 처음 시작되었지만, 금세 전국으로 확산하였고, 상당수 기초지방자치단체에서 이 사업을 중심으로 교육행정과 연계 협력을 강화해 오고 있다.

학교에서는 지난 수년간 학교자치에 관한 논의가 매우 활발했다. 국가의 학교 관리가 지속되는 사이에 학교는 말단 행정기관으로 전락하여, 학교 스스로 결정하고 운영하는 힘이 사라졌으나, 학교를 학교답게 운영하기 위해서는 그 힘을 되살려야 한다는 것이 학교자치 주장의 근거가 되었다. 현실적으로 학교를 독단적으로 운영하는 학교장을 정점으로 이루어지는 국가의 학교 관리에 불만을 품은 교사들이 학교의 민주적 운영을 요구하는 것이 학교자치의 실질이기도 했다. 이런 배경에서 교사들이 다모임을 조직하여 학교의 일을 결정하거나, 교사회와 학생회, 그리고 학부모회처럼 학교 구성원 각각이 대의 조직을 구성하고, 당사자들에 관한 사항은 그 조직에서 논의하여 결정하고, 학교 전체의 중대한 일은 각 조직의 대표자들이 모여서 결정하도록 학교 의사결정 체제를 개편하는 움직임이 활발하다(교육정책디자인연구소, 2018).

학교자치는 단지 의사결정 방식의 변화만이 아니다. 오히려 교사들이 전개하는 교육 활동이 바뀌고 있으며, 더 적확하게는 그것의 변화를 촉진하고자 하면 학교자치가 불가결한 전제 조건이 된다. 표준화한 교육과정을 전국 모든 학교에서 획일적으로 교육할 때에는 학교자치가 굳이 필요하지 않다. 그러나 교사들이 더 높은 수준의 전문성과 자율성을 발휘하고 학교마다 학생들의 상황, 학부모의 요구와 지역 실태에 부합하는 방향으로 교육하고, 학생과 학부모, 나아가 주민들의 교육 참여를 진작하고자 하면 학교를 공동체로 바꾸고, 학교 스스로 결정하고 운영하는 기관이 되어야 한다.

요약하면, 교육정부 간에는 분권, 지역의 교육행정과 일반 행정 사이에는 연계와 협력, 그리고 학교에서는 자치에 관한 논의와 실천이 활발하게 전개되던 중에 코로나19가 찾아왔다.

코로나19와 교육행정의 대응

코로나19가 발발했을 때, 그것의 전개 양상이나 파급 효과를 예측한 사람은 아무도 없었을 것이다. 중국 우한에서 새로운 바이러스가 출현했다는 사실이 2019년 12월에 처음 알려졌을 때, 해가 바뀌고 한국에 첫 감염자가 출현했을 때에도 전국의 모든 학교가 일시에 문 닫는 일을 상상한 사람은 없었다. 심지어 대구시에서 감염자가 폭증하던 시점에서도 3월 2일 등교를 의심하는 사람은 찾아보기 어려웠다. 그러나 불안과 공포는 순식간에 우리를 엄습하였다.

경험하지 못한 일이었기에, 단기적 전망에 의지하고 순간순간의 지혜를 발휘하여 대응할 수밖에 없었다. 교육 부문에서의 대응은 대략 세 시기로 나누어 살펴볼 수 있다. 코로나19 감염자가 급증하면서 개학을 불과 한 주 앞두고 긴급하게 전국 모든 학교의 등교를 연기하고 등교 연기를 네 차례나 거듭한 시기, 더 이상 등교를 연기할 수 없어서 원격 수업을 시작하기로 하고 이를 위한 준비를 하고 안정화하기까지의 시기, 원격 수업이 어느 정도 안정화하고 부분 등교를 시작하면서 코로나19 이후의 미래교육을 적극적으로 모색하기 시작한 시기. 매 시기마다 제기된 문제가 달랐고, 문제를 해결해 가는 방식 역시 같지 않았다.

2020년 2월 말. 교육부는 개학을 불과 일주일 남겨 둔 시점에서 전국 모든 학교 등교를 연기하기로 결정했다. 대구시를 중심으로 코로나19 감염자가 급증하기 시작한 시점부터 교육부는 질병관리본부(현재는 질병관리청)와 협의를 시작했다. 코로나19 상황이 시시각각 변했기 때문에, 협의 역시 수시로 열렸다. 감염병과 관련하여 질병관리본부와 교육부 사이에는 엄청난 정보격차가 존재했기 때문에 교육부가 질병관리본부에 묻고, 조언을 청취하는 방식으로 협의가 진행되었다. 당시 질병관리본부 역시 코로나19의 추이를 정확히 예상하지 못했던 것으로 보인다. 만약 코로나19가 두 해 가까이 장기화할 것이라고 예측했다면 전국 등교 연기와 같은 결정을 하지는 않았을 가능성이 높다. 오히려 단기간 사회적 거리두기를 확실히 하면 코로나19를 통제권에 가두어 둘 수 있다고 판단했기 때문에 전국 규모의 등교 연기를 결정했다고 할 수 있다.

교육부는 질병관리본부와 협의를 진행하고, 그 결과를 시·도교육청과 공유했다. 교육부는 시·도교육청 관계자들과 협의회를 조직하고, 등교 여부를 수시로 논의했다. 일상적 상황이라면 교육부 → 시·도교육청 → 교육지원청 → 학교를 거쳐 교육부 결정이 교직원과 학부모에게 전달되었겠지만, 촌각을 다투는 상황에서 교육부는 시·도교육청과만 협의하거나, 방침을 통보한 후에 교육부장관의 대국민 기자회견 형식으로 등교 연기 방침을 발표하였다. 언론 보도를 통해서 등교 연기 방침을 접했다는 사실에 불만을 토로하는 교직원이 적지 않았으나 불가피한 면이 있었다.

4월 중순까지 등교는 네 차례나 거듭 연기되었다. 학생들이 학교에 가지 못하고 집에 머무르면서 그동안 학교가 표 나지 않게 수행해 온 사회적 기능들이 하나둘 드러나기 시작했다. 이 기능이 작동하지 않으면서 가정의 부담이 매우 커졌다. 아동 돌봄이 대표적이다. 학교는 사실상 학생을 교육하는 공간이기 전에 아동·청소년을 안전하게 돌보는 곳이다. 학교가 문을 닫자 가정에서 아동을 돌볼 수밖에 없었으나, 부모가 모두 일하는 가정에서는 아이를 돌보기 힘든 형편이었다. 특히 유아나 초등학교 저학년 자녀를 둔 가정에서 돌봄은 심각한 문제가 되었다.

정부는 범부처적으로 돌봄 대책을 마련하기 시작했다. 교육부는 코로나19 상황에도 불구하고, 학교에서 긴급 돌봄을 확대하였다. 고용노동부는 여러 사업장에 가족 돌봄 휴가제를 권고하고, 이를 시행하는 사업장을 금전적으로 지원했다. 여성가족부는 그동안 해 오던 아이 돌봄 서비스를 확대하여 최대한 많은 아이들에게 돌봄 서비스를 제공하고자 했다. 해외에서 입국한 유학생을 격리하고, 일정 기간 수용하는 과제도 부여되었는데 교육부는 지방자치단체와 협의하여 대응해 갔다.

등교 연기 상황에서 한 가지 주목해야 할 사실이 있다. 등교 연기를 결정하고 몇 차례 거듭할 때까지 코로나19가 전국적으로 확산한 것은 아니었다. 초기에는 대구·경북 지역을 중심으로, 이후에는 수도권에서 감염이 확산하였지만, 그 외의 지역은 대체로 관리 가능한 범위 안에 있었다. 이런 상황에도 불구하고 일괄적으로 전국에 걸쳐 등교 연기가 이루어졌다. 국토가 넓지 않고 사회적 이동은 많은 상황에서 감염자가 출현하는 일부 지역 학교만 문을 닫는 것이 바이러스 확산을 제어하는 데 바람직하지 않다는 방역 당국의 판단이 작용했겠지만, 과연 전국 모든 학교의 등교를 연기한 것이 올바른 판단이었는지에 관해서는 의문의 여지가 있다.

등교 연기가 길어질수록 학교와 교육행정 당국의 부담이 커졌고, 아동을 돌보고 있는 가정의 불만도 높아졌다. 교육행정 당국으로서는 방학을 줄이고, 법령이 정하는 범위에서 수업일수를 줄이면서 등교를 연기해 왔지만, 한계에 다다른 것이다. 날씨가 더워지면서 바이러스 활동력이 다소 낮아지기는 했어도 언제든 다시 크게 유행할 수 있는 위험이 상존하는 상황인지라 방역당국은 여전히 학생들이 등교하여 수업을 진행하는 것에 소극적이었지만, 교육부는 원격 수업 형태로 개학을 결정하였다.

원격 수업을 전격적으로 시행할지를 판단하는 일은 매우 어려웠다. 교사 가운데 원격 수업을 해 본 경험이 있는 교사는 드물었다. 학생들이 원격 수업에 어떻게 참여할지도 알기 어려웠다. 가정에서 얼마나 원격 수업을 지원할 수 있을지도 분명하지 않았다.

아울러 원격 수업은 엄청난 준비가 필요했다. 학교에서 원격 수업을 진행할 수 있도록 물적 여건을 갖추는 일이 시급했다. 학교에서 와이파이에 접속할 수 있도록 하고, 강의를 촬영하고 전송할 수 있는 설비를 갖출 필요도 있었다. 실시간 쌍방향 강의를 하고자 하는 교사들을 지원할 수 있는 프로그램이 필요했다. 교사들이 활용할 수 있는 원격 수업용 프로그램도 준비해야 했다. 무엇보다 교사가 보내는 영상을 볼 수 있는 컴퓨터나 노트북, 하다못해 스마트폰이라도 모든 학생이 구비해야 했다. 교육행정 당국은 원격 수업을 결정하고, 시행하기까지 열흘이 채 되지 않는 기간에 이 모든 일을 해내야 했다.

가장 중요한 일은 교원들의 협력과 창의를 이끌어 내는 것이었다. 교육부는 기존에 조직된 시·도교육청과의 협의회 외에 6개 교직단체와 협의회를 조직하였다. 교직단체 대표들이 현장 상황과 요구를 실시간으로 전달하면 교육행정 당국이 기민하게 반응하였다. 이런 형식의 협의회는 전례를 찾아보기 드문 것이었고, 위기 상황을 돌파하는 데 매우 효과적이었다. 이와 함께, 교육부와 시·도교육청은 〈1만 커뮤니티〉를 조직하였다. 교육부의 방침을 모든 학교에 신속하게 전달하고, 학교의 요구를 수시로 수렴할 필요가 있었다.

아울러 원격 수업과 관련하여 교사 간에는 격차가 존재했다. 정보통신 기기를 능숙하게 다루고 원격 수업에 수월하게 접근할 수 있는 교사가 있는가 하면 그렇지 않은 교사도 적지 않다. 만약 학교마다 한두 명의 교사라도 원격 수업 방법에 관하여 동료 교사들에게 알려 줄 수 있다면, 원격 수업은 한결 수월해질 것이다. 이런 문제의식에서 전국 1만 2천여 학교마다 한 사람의 교사를 선발하여 원격 교육을 선도하도록 1만 명의 교사 커뮤니티를 조직하였다. 온라인 커뮤니티에서는 코로나19 상황 및 원격 교육에 관한 정보를 활발하게 교환하고, 학교의 동료 교사들에게 전달하는 일을 훌륭하게 해냈다.

교육부는 다양한 기관과 협력하면서 원격 수업을 지원했다. 우선, 교육방송 및 국책연구기관과 협력하여 이미 제작된 원격 교육 프로그램을 교사들에게 제공하였다. 민간 참여를 이끌어 내는 일에도 힘을 기울였다. 통신사와 협력하여 학생들이 데이터 사용량을 걱정하지 않고 교육용 콘텐츠를 무제한 이용할 수 있도록 했다. 삼성전자와 LG전자 등은 저소득 가정 학생들에게 스마트 가전 기기를 대여하였고, IPTV는 교육방송에서 제작한 교육용 콘텐츠를 무상 서비스하여 가정에서 활용할 수 있도록 했다. 문화체육관광부는 교사들이 저작권에 구애받지 않고 수업자료를 제작할 수 있도록 배려했다.

등교 연기에 이어 원격 수업이 진행되면서 아동·청소년이 가정에 있는 시간이 길어지자 아동이 돌봄을 받지 못하는 것을 넘어 가정에서 학대를 당하는 일도 생겨났다. 교육부는 보건복지부 및 경찰청과 협력하여 장기 결석하는 학생들과 위기 가정 학생들을 보호하는 일에도 힘을 기울였다.

등교 수업은 고등학교 3학년부터 시작되었다. 등교 수업이 시작되었지만, 학생이나 교직원 중에 감염자가 발생하면 학교 전체가 다시 원격 수업으로 전환하는 방식의 불안정한 등교가 계속되었다. 코로나19가 창궐하던 때만 해도, 바이러스는 퇴치, 박멸하는 것이 목표가 되었지만, 등교 수업을 시작하면서부터는 오히려 바이러스와 더불어 살아야 한다는 생각이 확산

코로나 이후의 교육을 말하다: 교육행정

하였다. 그리고 원격 교육과 같은 새로운 상황이 뉴 노멀로 자리를 잡는다면, 이 기회에 교육 체제나 방식을 일신해야 한다는 논의도 시작되었다. 교육부는 물론 여러 시·도교육청에서 포스트 코로나 시대의 미래교육에 관한 온갖 대화 모임이 열렸다. 교육부는 미래교육을 위한 다섯 가지 혁신의 원칙과 방향을 정하고, 각계와 사회적 대화를 계속했다(교육부, 2020b).

1. 감염병 등 위기 상황에서도 배움과 성장의 지속성 확보
2. 소외되는 학생이 없도록 보편적 교육 보장
3. 현장에 대한 신뢰를 기초로 교원의 전문성, 자율성 존중
4. 미래 환경 변화를 적극 수용한 선제적 대응
5. 학생 건강과 안전의 최우선 보장

한편, 시·도교육청 역시 코로나19 상황에서 기민하게 움직였다. 등교와 수업 등에 관하여 교육부와 협의를 진행하는 한편, 학교 방역을 지원하였다. 등교가 연기되면서 학교 급식이 중단되자 점심 식사를 거르거나 제대로 챙기지 못하는 학생이 발생하고, 그동안 학교 급식용 농산물을 공급해 왔던 농가들이 큰 피해를 입었다. 교육청은 지방자치단체와 협력하여 '학생

식재료 꾸러미 지원'을 시작하여 학생 건강도 챙기면서 농가를 살리고자 했다. 원격 수업이 시작될 무렵에는 교사들이 원격 수업에 몰입할 수 있도록 불필요한 행정 행위를 최대한 억제하였다. 또, 원격 수업을 지원하는 사이트를 구축하여 교사들이 활용할 수 있도록 배려하였다. 등교 연기와 원격 수업 기간에 학생 간 학력격차가 심화했다는 보고가 잇따르자 서울시교육청은 2020년 여름방학 기간에 학생들의 기초 학력을 끌어올리기 위하여 방학 중 집중 교실을 운영하기도 했다.

되돌아보면 어떻게든 학교를 운영하기 위한 고육지책이었다는 평가를 받을 수 있을지언정, 교육부와 시·도교육청은 나름대로 기민하게 상황에 대응해 왔다.

코로나19와 학교의 대응

코로나19 국면에서 학교는 늘 듣는 자였다. 3월 개학을 얼마 남겨 두지 않은 시점에서 개학 연기가 학교로 통보되었다. 등교 연기는 네 차례나 거듭되었다. 그 기간에 코로나19 사태의 장기화를 예견하고 원격 수업을 준비하기 시작한 학교가 있었지만, 극소수에 불과했다. 대다수 학교는 지침을 기다리고 지침에 따라 학교를 방역하고 하릴없이 개학을 기다렸다.

교육부는 원격 수업을 시작하기로 결정하면서 원격 수업의 유형을 결정하고 통보했다. 수업은 교사가 자율성과 전문성을 발휘하여 꾸려 나가는 것이지만, 국가 입장에서는 행정적으로 관리할 필요가 있었다. 원격 수업으로 인정하는 것과 인정할 수 없는 것을 구분하였다. 실시간 쌍방향 수업과 콘텐츠 활용 수업, 과제 수행형 수업 등 세 가지를 원격 수업으로 인정하고, 모든 교사들은 이 셋 중 하나의 방식을 따르도록 했다. 아울러 학생 평가에 관한 기준도 통보하였다(교육부, 2020a).

- 원격 수업에서 학습한 내용을 등교 이후 지필평가를 통해 성취도 확인
- 수행평가 성적 반영 비율은 학교 자율로 결정. 단, 100% 지필평가는 금지
- 교사가 실시간 관찰이 가능한 수업에 한해서만 원격 수업 중 수행평가 허용
- 원격 수업 중 학생이 수행한 과제물 자체의 완성도만을 평가하는 것은 불허

이런 평가 방침은 원격 수업 상황에서 혹여 불거질 수도 있는 공정성 시비를 원천적으로 차단하고자 한 것이었다. 이런 원칙에 따라, 원격 수업 중에는 수행평가를 거의 할 수 없어서 등교하는 날에는 평가만 계속되었다. 등교를 기다렸으나 막상 학교에 오자마자 시험만 치르게 된 학생들은 금세 등교를 꺼렸다.

한편, 교육부는 원격 수업을 처음 하는 교사들을 배려하여 최대한 많은 원격 수업용 교육 콘텐츠를 수집하여 제공하였다. 많은 교사들은 자신이 교육용 콘텐츠를 제작할 욕심을 내기도 전에 교육부에서 제공된 콘텐츠를 수업에 활용하기 시작했다.

등교가 거듭 연기되고 원격 수업이 이루어지는 기간 중에 학교와 교사의 대응에는 상당한 격차가 나타났다. 이 기간에 사실상 학생을 방치한 학교가 있었는가 하면, 개학 연기 기간에 학생들과 꾸준히 연락하고 교사가 원격 수업 기간에 장기 결석하는 학생을 방문하여 학생 상태를 확인하고 특별히 돌볼 필요가 있는 학생들은 원격 수업 기간에도 등교하도록 하여 점심 식사를 챙기고 교사의 원격 수업에 참여하도록 한 학교도 있었다. 한편, 원격 수업의 세 가지 방식 중 어느 것을 택하는가는 학교가 위치한 지역에 따라 달랐다. 수도권 중 분당, 일산 등 중산층 거주 비율이 높은 곳에 있는 학교에서는 실시간 쌍방향 수업이 많았으나, 저소득 가정이 많은 지역의 학교에서는 콘텐츠 활용형 또는 과제 수행형 수업의 비율이 상대적으로 높았다. 사립학교는 등교 수업에 적극적이었으나, 공립학교는 상대적으로 소극적이었다.

교사의 대응에도 차이가 확연했다. 원격 수업을 준비하는 일은 대면 수업을 준비할 때보다 훨씬 부담이 컸지만, 기꺼이 그 부담을 감내한 교사들이 있었다. 원격 수업에서 교사가 학생 개개인에게 피드백을 제공할 수 있게 되자 많은 시간을 들여 학생 한 사람 한 사람에게 적절한 지도를 하는 교사들이 있었다. 대면할 수 없는 상황에서 학생을 위로하고 학부모에게 안정감을 줄 수 있도록 매일매일의 교육 활동을 학급 구성원과 공유하는 수고를 마다하지 않은 교사도 있었다.

반면, 자신이 직접 교육 콘텐츠를 제작하려고 시도하기는 커녕 기존에 제작된 교육 자료를 찾아보고 그 가운데 자신의 수업에 가장 적절한 자료를 제공하려는 노력조차 하지 않은 채 무성의하게 자료를 탑재하고 학생들에게 어떤 지도 조언도 제공하지 않는 교사도 없지 않았다. 원격 수업이 진행되면서, 교사들의 수업이 학부모에게 적나라하게 공개되었다. 학교 간의 차이, 교사 간의 차이는 학교 안에 공동체가 얼마나 단단하게 구축되어 있는가, 교장의 리더십은 어떤가에 크게 영향을 받았다.

한편, 원격 수업을 준비하기 위하여 교육부가 준비한 지침과 여러 기관과 협력하여 제공한 교육 콘텐츠에 대하여 학교 현장에서는 다양하게 반응하였다. 원격 수업의 기준을 정해 주니 대략 어떤 방식으로 수업을 운영해야 할 것인지 알 수 있었다. 그러나 교육부가 제시한 세 가지 유형의 수업 형태에 국한되고 말았다. 비대면 상황에서 유연하고 다채로울 수도 있었던 수업이 세 가지 형태로 획일화한 셈이다. 원격 수업을 시작하는 시점에서 다양한 교육용 콘텐츠를 제공해 준 것은 분명 교사들에게 큰 도움이 되었다. 그러나 많은 학교 수업이 획일화하는 의도하지 않은 결과를 초래한 것도 사실이다.

적지 않은 교사들이 자신이 의도하는 수업과 제공된 콘텐츠가 잘 부합하지 않는다는 사실을 알면서도 어쩔 수 없이 기존 자료를 제공하는 방식으로 수업을 진행하는 경우도 상당히 많았다. 오히려 원격 수업 초기에 학생들과 교사들이 등교 연기 상황에서 각자의 생활과 생각을 공유하고, 그 기간에 교사들이 서툴게라도 원격 수업 콘텐츠를 제작해 보고, 그것을 동료들과 공유하는 플랫폼을 운영했다면, 원격 수업의 효과성이 더 높아지고, 교사들이 미래교육을 준비하는 힘이 강해졌을지도 모른다.

불확실한 상황에서 지침은 구체적일 수 없었다. 막상 원격 수업이 시작되자 매우 다양한 사례가 발생하였으나, 수많은 사례를 적절하게 해석할 수 있을 만큼 지침이 구체적이지는 않았다. 관례가 있는 일이라면 관례를 따르겠지만, 그렇지 않았기 때문에 교사들 사이에 자연스럽게 대화가 활발해졌다. 또, 디지털 매체를 다루는 데에서 교사들의 역량에 차이가 있었기 때문에 원격 수업을 해야 하는 상황이 되고부터는 교사들 사이에 학습이 자연스럽게 일어났다. 배움 앞에서 연령은 중요하지 않았다. 나이를 불문하고 원격 수업 노하우를 가진 교사들이 그렇지 않은 교사들을 지원하면서 학교 내의 관계가 훨씬 수평적으로 변화하였다. 민주적 소통과 협력은 낯선 상황이 만들어낸 의도하지 않은 성과였다(박미희, 정용주, 2020).

그러나 의사소통의 내용과 참가자의 범위 면에서 아쉬움도 남았다. 원격 수업 국면에서 교사들 사이에 대화가 활발해졌으나, 대부분 눈앞의 기술적 문제를 해결하기 위한 협소한 대화에 그친 경우가 적지 않았다. 아이들에게 긴급하게 필요한 도움은 어떤 것인가, 감염병으로 제대로 공부할 수 없는 아이들을 위하여 학교는 무엇을 해야 하는가, 새로운 학습 상황에서 학교 전체적으로는 교육 활동을 어떻게 계획하고 전개할 것인가 등에 관한 논의로 확산, 발전한 사례는 찾아보기 드물었다.

이처럼 논의가 왜소화한 것은 누가 논의에 참여하는가와 관련된다. 코로나19 상황에서는 비대면을 원칙으로 했던 탓도 있겠지만, 거의 모든 논의는 학교에 출근한 교사들 사이에서만 이루어졌다. 등교 연기를 결정해야 하는 시점에서 학부모 의견을 묻는 일이 몇 차례 있기는 했지만 교사들이 학생 또는 학부모와 함께 경험하지 못한 상황을 헤쳐 가는 경우는 거의 없었다.

교사들이 온라인 공간에서라도 등교 연기 기간에 어떻게 생활하고 있으며, 어떤 감정을 느끼는지, 무엇을 생각했는지를 학생들이 스스로 말할 수 있는 기회를 제공했더라면, 그리고 원격 수업이 진행되는 동안에 그 수업을 지켜보기도 했던 학부모들에게 원격 수업을 어떻게 평가하는지를 말할 수 있는 기회를 제공했더라면 교사들이 나눈 대화는 훨씬 풍부해졌을지도 모른다. 코로나19 상황에서 학생 목소리가 사라진 것은 큰 아쉬움으로 남는다.

코로나19라는 리트머스 시험지로 확인한 분권과 자치

교육분권과 자치에 관한 논의와 실천이 진전하고 있던 상황에서 코로나19는 그 실태를 확인할 수 있는 일종의 리트머스 시험지와도 같았다. 코로나19 이후 전개된 상황을 되돌아보면 주연은 교육부였으며, 시·도교육청은 조연, 학교는 단역 배우에 그친 것처럼 보인다. 얼핏 보면 교육부 중심의 중앙집권적 행정으로 회귀하고, 그만큼 분권과 자치는 퇴행했다고 할 수 있다. 그러나 코로나19의 경험은 분권과 자치에 관한 고민을 훨씬 심화해 주었다.

우선, 중앙집권과 지방분권이라는 대립 구도를 다시 생각해 보게 된 것이 소득이다. 그동안 중앙집권은 악, 지방분권은 선이라거나 교육부 중심의 집권적 교육행정은 악, 시·도교육청이 주도하는 분권적 교육행정은 선이라는 식의 대립 구도가 강하게 작동하였다. 그러나 코로나19에 대한 대응 과정을 복기해 보면 집권적 체제의 효용도 새삼 확인할 수 있다. 감염병이 확산하자 교육부는 질병관리본부와 긴밀하게 협력하면서 상황을 판단하고, 시·도교육청과 협의하면서 적실성 있는 결정을 내렸다. 국가 전체적으로 보아도 집권적 정치·행정 체제를 갖춘

싱가포르나 한국의 대응이 미국이나 독일과 같은 연방 국가나 분권형 정치·행정 체제를 운영하는 국가보다 효과적이었다. 이 사실은 집권과 분권을 대립적으로 파악하여 어느 하나를 추구하기보다는 두 가지의 장점을 균형 있게 취하면서 서로를 보완하는 적도집권適度集權의 지혜를 발휘하는 일이 중요함을 보여준다.

한편, 위기 상황에서 교육부를 중심으로 일사불란한 대응이 가능했던 데에는 다양한 방식으로 민주적 소통 채널을 구축했던 사실이 주효했다. 평상시라면 교육부장관이 전국 17개 시·도교육감을 자주 만나는 일이 쉽지 않겠지만, 코로나19 상황에서는 교육부와 시·도교육청 사이에 협의회를 구성하고 장관과 교육감, 또는 차관과 부교육감이 수시로 의견을 나누었다. 이와 별도로, 교육부와 시·도교육청은 6개 교직단체 대표들과 별도의 협의회를 조직하고 대면 또는 온라인상에서 수시로 논의하였다. 또, 〈1만 커뮤니티〉를 구성하여 교육부와 일선 학교가 직접 의견을 교환하였다.

교사 온라인 커뮤니티의 경우, 교육부의 결정을 학교로 신속하게 전달하는 역할이 상대적으로 강하였다는 점에서 진정한 협의가 아니라거나 민주주의의 진전으로 평가할 수 없다는 견해도 있다. 그러나 모든 것이 불확실한 상황에서 다양한 협의 채널을 구성하여 상의하달上意下達과 하의상달下意上達을 동시에 도모한 일이 위기 상황에서 나름대로 슬기롭게 대응 방안을 찾고, 불안정한 상황을 조속히 안정화하는 데 크게 기여한 것은 사실이다.

나아가 굳이 코로나19와 같은 상황이 없을 때에도 중앙교육행정기관과 일선 학교의 교사들이 온라인 커뮤니티를 구축하고 다양한 의견을 나눌 수 있게 된다면, 이것은 교육행정의 민주화를 진전시키는 일이며, 교육분권을 실현하는 또 하나의 길이 될 수 있다.

이와 같은 성과에도 불구하고 위기 상황에서 교육분권과 학교자치가 흡사 동결 상태에 있었다는 평가를 내릴 수도 있다. 위기 상황이라고는 해도 대다수 시·도교육청과 학교는 스스로 무엇인가를 결정하고 자주적으로 어떤 일을 해 나가는 데에 상당히 소극적이었다.

물론, 전례 없는 감염병이 창궐하는 긴급한 상황에서 전국적으로 보조를 맞추면서 일사불란하게 대응하는 일이 필요하며, 이런 점에서 여러 교육기관이 자율권 행사에 소극적이었던 사실을 이해할 수 있는 구석이 있다. 그러나 코로나19 팬데믹 발발 이후의 등교 연기와 원격 수업, 그리고 변칙적 등교 수업은 학사 일정을 맞추기 위한 궁여지책에 가까운 최저선의 대응이었으며, 교육청이나 학교가 할 수 있는 최선의 대응은 아니었다.

코로나19 이후 전개된 교육과정에서 무엇을 배웠는지 모르겠다는 학생들이 없지 않고, 학생의 건강이나 교우 관계, 정서 발달 등에서 결핍이 보인다고 진단하는 교사들도 적지 않다. 위기 상황에서 과연 각급 교육 조직이 자주적으로 최선의 대응을 다했는가라는 점에서 아쉬움이 있다.

오랫동안 한국 교육에서 분권과 자치가 진전되지 않는 것은 교육부가 막강한 권한을 행사하고 있으며, 그 권한을 학교를 지원하는 일이 아니라 관리·통제하는 일에 활용하기 때문이라는 식의 진단이 계속되어 왔다. 코로나19 이후 교육부의 대응 과정에서도 이와 같은 문제점이 드러난다. 교육부는 전례 없는 원격 수업을 조속히 안정시키기 위하여 원격 수업과 학생 평가 기준을 마련하고 다양한 기관과 협력하여 원격 교육 콘텐츠를 교사들에게 제공하였다. 전자는 어느 정도의 통일성과 공정성을 확보하기 위하여 불가피한 일이었고, 후자 역시 교사를 지원하기 위한 목적으로 한 일임이 분명하다.

그러나 기준이 적용되면서 다양한 형식의 수업 실험은 중단되었다. 디지털 환경이 순식간에 만들어지면서, 약간의 혼란을 감수할 수 있었다면 교사들 스스로 새로운 수업의 질서를 형성해 갔을 가능성도 있는데, 이런 흐름이 좌초되었다. 여기에 국가에서 제공하는 교육용 콘텐츠가 교실 안으로 들어오면서, 수업의 다양성이 심화하기보다는 오히려 획일성이 강화되는 현상이 나타났다. 교사들에게 약간의 시간을 주었더라면 다양한 자료가 개발되고, 널리 공유될 수 있는 가능성이 있었는데, 그 길을 넓게 열어 주지 못했다. 선한 의도로 시작한 일이지만, 의도하지 않은 결과를 초래한 셈이다.

이처럼 교육부의 대응에 슬기롭지 못한 점이 있었다. 그러나 교육분권과 학교자치를 희구하면서도 막상 그것이 잘 실현되지 않는 이유를 새로운 각도에서 조명해 볼 필요가 있다. 「감염병 예방법」에 따르면 교육부장관과 교육감 모두 학교에 휴업을 명령할 수 있는 권한을 가지고 있다. 그런데 코로나19 사태 초기에는 교육부장관에게 휴업 명령권을 사실상 모두 일임해버렸다. 당시를 회고해 보면, 사태 초기에는 대구·경북, 그 후에는 수도권에서 확진자가 많이 발생하였으며, 여타 지역은 비교적 무난하게 사태를 관리하고 있었다. 따라서 개학 또는 등교 수업 등에 관하여 지역 실정에 맞게 각기 다른 결정을 내릴 수도 있었다.

그러나 한동안 전국적으로 공동 보조를 맞춘 데에는 여러 가지 이유가 있었다. 우선, 코로나19 확진자가 많이 나온 지역의 교육감이 형평의 이유를 들어 전국적 등교 연기를 요청하였다. 즉, 우리 지역에서는 확진자가 나와서 아이들이 학교에 갈 수 없는데, 다른 지역에서 등교를 하는 것은 형평이 맞지 않는다거나 우리 지역 고등학교 3학년 학생들은 학교에서 공부할 수 없는 형편인데, 다른 지역의 고교 학생들이 학교에서 공부하는 것은 대학입시의 공정성을 해치는 일이라는 식의 주장이 등장했다. 다수의 교육감이 이 주장에 공감했는지는 알 길이 없으나, 상당수 교육감은 사회적 연대 차원에서 전국 동시 개학 연기에 합의하였다. 그러나 과연 공정성과 사회적 연대를 이유로 학교생활이 가능한 지역에서도 아이들이 학교 문을 열 수 없도록 만든 일이 최선의 결정이었는지는 의문이다. 오히려 등교가 가능한 지역에서는 등교 수업을 실시하고, 감염병 때문에 등교를 미룰 수밖에 없는 지역의 학교에는 별도의 지원책을 강구하는 방안을 검토해 볼 필요도 있었을 것이다.

이와 별개로, 분권과 자치를 어렵게 하는 데에는 책임에 관한 문제도 있다. 개별 시·도교육청이 자주적으로 상황을 판단하여 등교하였다가 만에 하나라도 학교 내에서 감염 사태가 발생하면 그 책임을 어떻게 감당할 수 있겠는가라는 고민이 널리 확산해 있었다. 실제로 등교 연기를 강하게 주장하는 학부모들이 있는 상황에서 위험을 감수하기보다는 안전한 선택을 한 경우가 많았다. 책임은 학교의 자주적 결정을 방해하는 중요한 요인이 되었다. 학교장이나 교사 모두 교육부 지침과 달리 등교 수업을 강행했다가 감염 사태가 발생할 경우, 자신들이 져야 할 책임을 피하고 싶어 했다. 이런 상황에서 많은 학교는 이웃 학교와 보조를 맞추는 방식으로 책임 문제를 우회하고자 했다.

그런데 생각을 진전시켜 보면 평등주의 또는 공정성 이슈와 책임의 문제는 긴밀하게 관련되어 있다. 평등주의가 강하면 자치분권의 요구는 그만큼 약화하고, 그에 비례하여 책임을 질 필요가 사라진다. 이것의 이면이겠지만, 책임을 지려는 태도가 약할수록 '모두에게 같은 것을'이라는 식의 평등을 요구하는 목소리는 커진다. 결국, 평등주의와 무책임은 긴밀하게 관련되어 있다.

이와 같은 사실은 교육분권과 학교자치를 기존의 대립 구도로만 볼 수 없으며, 교육부 권한을 분산하는 것만이 정답이라는 식으로 생각할 수 없다는 사실을 깨닫게 한다. 교육부 스스로는 다소간 혼란을 감내하더라도 학교 단위에서 자주적 결정을 촉진하고 교직원들의 역량을 기를 수 있도록 슬기롭게 행정을 전개할 필요가 있다. 그러나 획일성을 내용으로 하는 평등주의와 책임을 회피하고자 하는 태도야말로 분권과 자치를 가로막는 심각한 장애물이다. 이 문제를 어떻게 극복할 것인가가 코로나19가 교육행정에 던져준 질문이다.

공동체와 민주주의, 코로나19 이후의 분권과 자치의 열쇠

코로나19는 학교가 단지 가르치고 배우는 곳을 넘어 다양한 사회적 기능을 하는 곳임을 깨닫게 해 주었다. 아이들은 학교에서 안전하게 보호받고, 친구들을 만나서 놀고, 식사를 함께하며, 공부를 한다. 학교는 아이들이 전면적으로 성장하는 공간이다. 학교가 문을 닫고 이렇게 많은 기능을 수행할 수 없게 되자, 교육부는 여러 정부 부처와 각기 역할을 나누어야 했다. 보건복지부, 여성가족부, 고용노동부, 경찰청 등이 나름대로 역할을 수행했다. 또, 원격 수업을 시작하면서부터는 과학기술정보통신부와 문화체육관광부 등과의 협력이 시작되었다.

학교는 공부만 하는 곳이 아니며, 학교 공부라고 하는 것도 책상을 앞에 두고 의자에 앉아서 교과서를 읽는 일이라기보다는 그 양태가 크게 변했다. 이런 변화는 이미 오래전부터 학교에서 일어나고 있다. 이제는 학교 안에 교과를 가르치는 교사보다 가르치는 일이 아닌 일을 하는 사람이 더 많아졌다. 학교가 보듬는 학생 삶의 측면이 더 넓어졌고, 그만큼 학교의 일이 많아졌다. 코로나19를 겪으면서 학교가 공부를 넘어 학생 삶 전반을 관장하는 공간임을 새삼 인식하게 되었다.

그런데 학생들이 삶을 영위하는 주요한 무대는 지역이다. 오래전에는 학교의 주된 기능이 공부로 국한되어 있었고, 그 밖의 모든 활동은 가정이나 지역에서 이루어졌으나, 한편으로는 가정의 기능이 약화하고 다른 한편에서는 학교에 대한 사회적 기대가 꾸준히 증대되면서 학교의 사회적 기능은 계속 확대되었다. 학교가 일종의 사회센터가 되어가고 있는 셈이다. 결국 학생은 학교와 지역을 교차하면서 삶을 영위한다. 따라서 학교와 지역 간의 관계를 심화할 필요가 높아지고 있다.

이처럼 지역의 의의가 남다름에도 불구하고 학교교육과 교육행정에서 지역은 충분히 살아나지 못하고 있다. 학교는 지역 속의 섬과 같은 곳이었으며, 지역 내에서도 교육은 다른 것들과 원만하게 융화하지 못하는 경우가 많았다. 여기에는 여러 가지 이유가 존재한다. 우선, 제도적으로는 지역에서 일반행정과 교육행정이 분리되어 있으며, 그나마 교육자치는 광역자치단체 수준에서만 시행되고 있다. 지역이라고 할 때는 서울시나 경기도와 같은 넓은 범위의 지역보다는 시·군·구 단위의 기초자치단체가 더 의미가 있는데, 교육지원청은 지역에서 이렇다 할 역할을 하지 못하고 있다. 교원과 교육과정 제도도 학교가 지역에 더 밀착하는 것을 가로막는 제도적 장벽이 되고 있다.

한국에서 교원은 국가공무원이다. 광역 단위에서 선발되며, 4~5년마다 근무 학교를 바꾼다. 시·군·구청 공무원들은 대개 지역에 거주하며 지역 의식을 가지고 있지만, 교사들 중에는 근무하는 학교와 다른 지역에 살고, 특별히 지역 의식을 가지고 있지 않은 경우도 적지 않다. 이런 상황에서 '지역 아이들을 주민들과 함께 기른다'는 의식이 강할 리가 없다. 또, 학교에서 운영하는 교육과정은 국가 교육과정을 기본으로 삼는 것이어서, 학교가 지역 특성이나 주민들의 요구를 반영한 학교 교육과정을 운영하는 일이 쉽지 않다. 이런 여러 가지 이유로 학교와 지역의 거리는 가깝지 않았다.

학교가 학생 성장을 전면적으로 도모하기 위해서는 지역과 잘 화합할 필요가 있다. 지역 속의 학교였다면 코로나19와 같은 위기 상황에서 학교가 긴급하게 문을 닫더라도 지역 공동체 안에서 슬기롭게 아이들을 돌보고 배움을 이어 갈 수 있을 것이다. 더 나아가 학교가 지역 속에 자리를 잡게 된다는 것은, 학교에서 이루어지는 배움의 내용과 방식에도 변화가 일어난다는 사실을 의미할 수 있다. 지역이 다양한 만큼 학교교육의 양상도 다양해질 것이며, 그만큼 교육분권이 신장될 것이다.

요컨대, 학교 안으로 지역이 들어오고, 지역으로 학교가 들어가야 한다. 이런 변화를 실현하려면 요구되는 제도 변화가 있다. 우선, 교원 신분과 임용 방식 변화를 논의해야 한다. 교원 지방직화와 임용 단위의 지역화를 촉진하여 교사들이 '우리 지역 의식'을 가질 수 있도록 해야 한다. 또, 교육과정 체제를 개편하여 학교에서 학교 교육과정을 구성하되, 국가 교육과정을 그 한 요소로 포함해야 한다. 지방교육행정 체제를 전면적으로 개편하는 일은 쉽지 않겠지만, 교육자치제를 기초 단위에서 시행하여야 한다. 코로나19 상황이 아니더라도 상당수 지역이 소멸 위기에 빠져 있다. 그러나 교육행정의 대응은 더디기만 하다. 기초 단위의 교육자치를 통하여 리더십을 갖춘 교육장이 교육과 지역을 되살리는 모범을 창출하고 확산해야 한다.

이와 함께, 확대된 참여와 민주주의를 통해서 학교 운영 방식을 바꾸어가야 한다. 코로나19를 맞이하기 전에 학교자치 논의가 활발했으나, 사실상 그것은 학교 운영의 민주화를 의미하는 것이었고, 실질적으로는 교장 주도의 학교 운영을 교장과 교사들이 분점하는 방식으로 변환하는 것이었다. 여러 학교에서 학생자치와 학부모자치를 강조하기는 했으나, 교원 집단의 학교 운영에 장식품과 같은 것이었다. 학교자치를 통하여 학교를 공동체로 만들고자 하는 논의는 활발했으나, '학교'만의 공동체였고, 더 심하게는 '교사'만의 공동체였음을 깨닫게 되었다. 이처럼 학생과 학부모의 학교 참여가 활발하지 않은 상태에서 학교장과 교원들이 학생에게 심대한 영향을 미칠 수 있는 결정을 내려야 할 때가 되면, 교원들은 책임을 회피하게 된다.

학교가 더 책임 있는 자치 조직이 되고자 하면, 교직원 외에 학부모와 학생, 나아가 지역 주민들이 더 의미 있게 학교 운영에 참여할 수 있어야 한다. 학교가 당사자들이 모두 모인 공동체로 운영되고, 그 공동체에서 결정을 내린다면, 학교가 책임을 회피할 이유가 없다. 학교를 교직원을 넘어서 학생과 학부모, 나아가 지역 주민까지 포괄하는 민주적 공동체로 재구축해야 한다.

코로나19를 마주하기 전에 우리는 교육을 변화시키기 위한 노력을 해 오고 있었다. 분권과 연계·협력, 그리고 학교자치가 그 방향이었다. 분권과 연계·협력은 '교육'을 잘 하기 위한 행정의 짜임새이지만, 바이러스는 사회의 여러 부문을 가리지 않았다. 바이러스에 대응하기 위해서는 교육과 사회 여러 부문의 유기적 협력이 필수적이었다. 학교자치는 학교를 공동체로 만들고 더 좋은 교육을 하기 위하여 필요하지만, 학교와 학교를 둘러싼 지역 간의 관계를 시야에 넣지 못했다. 학생의 삶은 학교와 지역을 넘나들지만, 학교와 지역 사이에는 여전히 높은 벽이 자리 잡고 있다.

코로나19를 겪는 동안 교육은 학생의 삶의 일부이며, 학생의 삶이라는 넓은 시야 속에서 교육을 바라보는 안목이 절실하다는 인식을 하게 되었다. 그동안 우리는 자치와 분권을 통하여 학교를 말단 행정기관이 아니라 공동체로 만들고자 노력해 왔다. 그러나 학교라는 제도적 장벽을 넘어 학생 삶이 펼쳐지는 더 넓은 공간으로 공동체를 확대하는 과제가 우리에게 놓여 있다. 지역을, 나아가 사회 전체를 교육 공동체로 만들어서 공동체가 아동·청소년을 두텁게 보호하고, 공동체 안에서 수준 높은 배움을 추구할 수 있도록 배려해야 한다.

더 넓은 공동체는 민주주의에 관한 사고의 전환을 요청한다. 오랫동안 관료 조직에 가깝던 학교를 공동체로 만들기 위하여 학교 안에서의 민주주의를 확대하기 위한 노력에 힘을 기울여 왔다. 그러나 코로나19를 맞이하여 학교 민주주의의 현실을 확인하게 되었다. 학교자치 논의가 확산하면서 교장 중심의 학교 운영에서 교장과 교원이 함께하는 학교 운영 수준까지 나아갔다. 여기서 그쳐서는 안 된다. 학생과 학부모가 학교 운영 과정에 훨씬 깊이 참여할 수 있어야 한다. 학교가 지역으로 확장되면 주민들의 학교 참여도 보장해야 한다. 민주주의 수준을 한층 심화할 필요가 있다.

더 넓은 공동체에서 더 깊은 민주주의를 실현하는 일, 더 깊은 민주주의를 통해서 더 넓은 공동체를 만드는 일, 이것이 코로나19를 겪는 동안 우리가 확인한 교육행정의 과제이다.

코로나 이후의
미래교육을 말하다

ㄱ 진행 : 김 용(한국교원대학교 교수)

ㄱ 참석 : 곽덕주(서울대학교 교수)
김민성(조선대학교 교수)
이승은(한림대학교 교수)

ㄱ 정리 : 이두희(지식의날개 편집인)

김 용　여러 선생님들, 안녕하세요. 반갑습니다.

우리가 이 책을 함께 진행해 온 것이 지난 겨울부터였나요? 코로나19의 영향으로 우리도 늘 온라인으로만 만나서 이야기 하다가, 처음 이렇게 한 자리에 모여서 논의를 하게 되었네요. (일동 웃음)

돌아보면 코로나19는 한국 교육, 나아가 한국 사회의 변화과 정의 시점에서 우리가 만난 큰 사건이었습니다. 저의 경우를 말씀드리면, 한국 사회의 변화, 한국 교육의 변화과정에서 코 로나19가 어떤 의미가 있을까? 책의 〈여는 글〉에서 말씀드린 것처럼 출석, 돌봄, 격차 이 3가지가 차례대로 문제로 부각되 었다고 보았습니다.

코로나19는 과거의 한국 교육, 미래의 한국 교육이 충돌하는 지점을 보여주는 상징적인 사건이었습니다. 특히 인간의 성 장·발달에 관한 사회적 과업으로서의 교육이 과연 바람직하 게 이루어지고 있었나를 묻는 계기였다고 의미를 규정할 수 있을 것 같습니다. 우리 자신에게 나아가 한국 교육, 한국 사 회에서 코로나19가 어떤 의미를 지녔는지 의미를 규정해 보면 어떨까 싶습니다.

코로나 이후의 교육을 말하다

우리에게 코로나19는 무엇이었나

곽덕주   저는 인간을 둘러싼 기술적인 면에서의 의미 한 가지와 학생들에 대한 점 한 가지를 생각해 보았습니다. 이 두 가지는 서로 연결되어 상승 효과를 나타내고 있는 것이 아닌가 싶습니다.

기술적인 면은 디지털 매체에 관한 것인데요, 한국은 IT 강국으로 예전에도 디지털 매체가 다른 나라에 비해 일상화되고 또 발달되어 있었지만 학교 현장에서는 여전히 '도구적인' 교육 매체 이상으로 보지 않았습니다. 디지털 네이티브라고 불리는 90년대 이래 출생한 젊은이들을 제외하고는 교육에서 디지털 매체는 불신과 저항의 대상이었어요. 교육에서 반드시 필요한가에 대한 의문과 편견이 있었던 것 같습니다.

그런데 이번에 코로나19를 겪으면서 어쩔 수 없이 디지털 매체를 사용할 수밖에 없게 되면서 사람들의 매체에 대한 수용도가 크게 달라졌다는 생각이 듭니다. 물론 한 번에 모든 것이 달라지지는 않을 겁니다. 그러나 그에 대한 일반적 저항이나 불편함은 교육 현장에서 많이 줄어든 것 같고 코로나19를 벗어나서도 비대면 수업이나 교육 활동이 대면 수업과 병행할 거라는 전망이 있습니다.

그래서 교육철학자로서 저는 디지털 매체가 현장 교육의 실천에 주는 의미가 단순히 저항과 불편함의 감소 그 이상이 아닐까 싶습니다. 디지털 산업 기술은 이전에 이미 세계적으로 매우 발전되어 있었지만 우리 인간의 문화적 관성과 습성으로 인해 그 기술의 제도화와 일상화가 지체되어 있던 면이 있었습니다. 그것이 코로나19를 통해 한 번에 우리 일상 속에 확 들어와서 따라잡는 계기가 된 것 같습니다. 그래서 앞으로 디지털화가 전면화될 교육 현장에서 디지털 매체와 어떤 관계를 맺을 것인가에 대한 포괄적인 논의와 담론이 필요할 것 같습니다.

또 하나는 젊은이들의 사회적 가시성과 자신감에 대한 것입니다. 코로나19를 전후해서 한국이 주목을 받으면서 학생들을 비롯한 새로운 세대의 비전이 과거와는 달라지고 있다고 느낍니다. 기성 세대로서 우리가 우리나라에 대해 갖고 있는 마음속 깊은 이미지는 일제강점기를 겪은, 상처를 가진 아시아의 작은 나라, 소국이라는 것에서 크게 벗어나지 않습니다. 그런데 서울대에서 제가 만나는 젊은 세대는 저희 때와는 다른 정도의 자신감, 세계 무대 속에서 자신과 우리 사회를 바라보려는 과감한 태도가 있는 것 같습니다. 이러한 변화는 세대 갈등을 포함하여 거시적인 관점에서 교육적으로 생각해 볼 문제라는 생각이 듭니다.

학계도 코로나19 이후로 세대 교체가 빠르게 진행되지 않을까 싶습니다. 디지털 매체가 불편한 기성 세대의 경우 줌-학회에 잘 참석하지 않는 반면, 젊은 세대는 더 많이 참석하는 경향이 있었습니다. 비대면 활동에 젊은 세대들의 목소리가 더 자주 부상하고 또 더 널리 순환되는 등 그 공적 가시성이 두드러집니다. 최근 밀레니얼 세대, 혹은 밀레니얼 세대 교사들이 중요한 연구 주제로 부각되고 있는데, 앞으로 젊은 세대들을 어떻게 수용하고, 또 이들과 공존할 수 있을 것인가는 교사 교육의 방향과 관련해서도 매우 중요하게 다루어져야 할 부분이라고 생각합니다.

김 용   환경 측면에서 디지털 매체와 교육이라는 활동의 결합이 중요한 과제로 부각된다는 이야기, 또 하나는 디지털 시대에 한국 청소년, 청년들이 뛰어난 역량을 보여주고 있는데, 교육이 이것을 어떻게 키워 나갈 것인가에 대한 생각을 말씀해 주셨습니다. 김민성 선생님께서는 어떻게 생각하시나요?

"대학교수의 삶에 교육이라는 영역이 크게 부각되었다는 생각이 들었습니다"

김민성   저는 대학에서 학생들을 가르치다 보니, 코로나19가 영향을 미친 작년부터 올해까지 대학교수의 삶에 교육이라는 영역이 크게 부각되었다는 생각이 들었습니다.

교수들은 항상 교육자와 연구자의 정체성 사이에서 많은 고민을 하잖아요? 예전에는 교육을 소홀히 하고 연구에만 열중해도 대학교수로 불리는데 큰 문제가 없었습니다. 저는 교육학이 전공이다 보니 교육자의 정체성이 상대적으로 강했지만, 연구자로서의 정체성을 강하게 가지셨던 교수님들에게도 2020년도 한 해에는 매 수업이 새로운 도전이었고, 그래서 수업을 이끌어가는 것 자체에 에너지를 많이 쏟으셨어요. 교수님들의 준비 정도는 제각각이었습니다. 그러다 보니 2020학년도 1학기에는 상당수의 교수님들이 온라인 게시판에서 수업 진행하며 힘들었던 점들을 묻고 서로의 지혜를 나누는 활동에 자발적으로 참여하셨습니다.

코로나 이후의 교육을 말하다

모르는 교수님들과 교육, 수업에 대해 소통할 수 있었던 색다른 경험이었어요.

그리고 나의 수업을 누군가가 관리하고 있다는 것도 경험했습니다. 동영상의 길이는 최소한 몇 분이어야 하고, 언제까지 업로드해야 하며, 실시간 수업을 실제 실시했는지를 증빙하라는... 대면 수업에서는 엄두도 낼 수 없었던 것들을 학교가 요구하였습니다. 학생들도 학생회나 다양한 채널을 통해 수업의 질에 대해 문제제기를 하였습니다.

돌아보면 대학 수업이 어떠해야 하는지, 수업의 주체는 누구인지, 대학교수의 역할에서 교육이 차지하는 부분은 어느 정도인지에 대한 질문이 집중되었던 한 해였습니다.

김 용   맞습니다. 대학교육에서는 확실히 코로나19가 교육 재발견 시기였습니다. 그동안 우리나라에서 교수의 연구력 향상이라거나, 특히 국내 유수 대학들은 세계적인 경쟁력을 갖춘다면서 알게 모르게 연구에 더 많은 자원을 투자했었는데요, 코로나19로 교육이라는 문제를 들여다보게 된 것 같습니다.

대학교육과 관련된 이야기, 그리고 그 안에서의 개인적인 경험에 대해서는 이승은 선생님께서 부탁드립니다.

이승은   저는 앞의 두 선생님과는 달리 우려되는 점을 말씀드려 보겠습니다.

젊은 세대가 자부심, 자신감을 가지고 있는 한편으로 동시에 20대 학생들에게서 불안감, 위축, 편가르기, 혐오, 갈등 이런 점들도 계속 눈에 뜨입니다. 사회 전체적으로도 혐오와 양극화의 문제가 발생하고 있는데요, 동일한 문제가 대학 사회 내에서도 재현되고 있습니다. 요즘 대학에서 보면 학생들이 너나 할 것 없이 노트북, 태블릿, 스마트폰을 한 대씩 들고 다니는 모습을 볼 수 있는데, 모든 학생들이 그럴 수 있는 것은 아니지 않을까요.

처음에 코로나19가 발생했을 때, 학생들에게 수업을 온라인으로 진행하겠다고 했더니, 자신은 개인적으로 사용할 수 있는 컴퓨터가 없어서 학교에 와서 수업을 들어야 한다고 하는 학생이 있더라고요. 또 더 나아가 개인 공간이 없다는 학생도 있었고요. 격차라는 것이 초중등교육에서만 발생하는 것이 아

"헬조선, 탈조선이라는 주제가 있는데요,
이런 문제들이 코로나19로 더 심하게 드러나고 있고,
어떻게 해결해 줄 것인가 고민이 필요해 보입니다"

니라 대학교육에서도 발생하는데, 대학교육에서는 오히려 성인이기 때문에 사람들이 놓칠 수 있어서 주목해야 하는 것이 아닌가 하는 생각을 해 봅니다.

사회에서 흔하게 볼 수 있는 이야기로 헬조선, 탈조선이라는 주제가 있는데요, 오늘날 지방대 학생들은 의욕을 잃었거나, 졸업 이후의 목표를 상실한 학생들이 많이 있고, 기저에는 어차피 안 될 것이라는 절망과 좌절이 깔려 있습니다. 이런 문제점들이 코로나19로 더 심하게 드러나고 있고, 어떻게 해결해 줄 것인가 한 번쯤 고민이 필요해 보입니다.

곽덕주 코로나19로 인하여 비대면으로 생활하고 수업하고 하다 보니, 많은 사람들의 생활 반경이나 습관이 확 바뀌었어요. 그 과정에서 가정폭력도 늘어나고, 아이들에 대한 학대도 많아졌고, 아이들이 하루 종일 게임만 하면서 방치되는 등의 문제도 불거졌습니다. 아이들이 상대적으로 고립된 환경 속에서 생활하게 됨에 따라 사회성도 떨어졌고, 이로 인한 많은 심리적 문제도 점차 부각되지 않을까 싶어요. 코로나19가 어느 정도 극복되고 나면 이것이 초래한 많은 사회적·심리적 문제들에 대한 치유 작업을 교육에서 대대로 시작해야 할 것이라는 생각이 듭니다.

김 용 코로나19 초기 원격으로 개학하던 무렵에는 마치 교육이 대변혁을 이룰 것 같은 이야기가 많았습니다. 학교가 쓸데없다는 학교 무용론, 교사도 필요하지 않다는 교사 무용론까지 지난해에 활발하게 제기되었고, AI라든가 빅데이터에 기반한 교육활동이 활발해지면서 교육의 판도가 크게 바뀔 것이라는 이야기가 많았습니다. 이는 교육에 종사하는 사람들에게 큰 위협처럼 비쳤는데요, 곽덕주 선생님께서는 제2장에서 오히려 코로나19가 교육이나 가르침의 의미, 교사의 역할 등에 대해 새롭게 성찰해 보는 계기가 되었다고 하셨습니다. 선생님께서 생각하시는 코로나19 이후의 교육은 팬데믹 초기에 사회에서 예상하던 것과는 다른 모습을 그리는 것 같은데요, 앞으로 교육의 의미나 양상에서 어떤 변화를 전망하시는지요.

곽덕주 코로나19로 교육 자체의 의미나 가치는, 글쎄요 저는 크게 변했다고 생각하지는 않고요, 오히려 그 의미나 가치를 우리가

**"코로나19로 교육 자체의 의미나 가치를
우리가 새롭게 깨닫는 계기가 되었습니다"**

새롭게 깨닫는 계기가 되었다고 말하고 싶습니다. 그런 의미에서 큰 변화가 없었다고 말하기는 어렵겠네요. 학교에서 일상적으로 친구들과 함께 밥 먹고 생활하는 것이 알고 보니 교육의 가장 큰 부분 중의 하나였다는 것. 지금 우리 학생들이 다른 사람들이 관계 맺고 하는 것이 잘 되지 않아서 개인적으로나 사회적으로 큰 곤란을 겪고 있다는 것이 이것을 말해 줍니다. 학교생활을 통해 우리가 무의식적으로 했던 많은 실천 양식들(밥 먹고 공부하고 놀고 얘기 나누고 규칙 지키고 하는 것 등)이 교육의 일부분이고, 그것도 굉장히 중요한 부분이었다는 점을 교사나 학부모들이 알게 된 것 같고, 그리하여 코로나19 이전에 학교에서 일상적으로 일어나는 많은 것들의 교육적 가치를 모르고 있었음을 깨닫게 됨으로써, 그것을 왜 '잘' 하지 못했는지, 또 교육적 관점에서 잘 하기 위해 무엇을 어떻게 해야 할지에 대해서도 새삼 성찰하게 되는 것 같습니다.

수업 외에도 학교에서는 많은 일이 일어나며, 바로 이 이유 때문에 학교라는 공간은 앞으로도 사라지지 않을 것이며 교사 또한 그러하다는 것이 제 글의 주장이기도 합니다. 이것은 코로나19가 아니었으면 우리가 결코 몰랐을 교육적 교훈 중의 하나가 아닌가 싶어요. 그러므로 이제 우리는 좀 더 의식적으로 우리가 하고 있는 일의 가치를 인식하며 앞으로의 교육적 실천에 대해 더욱 진전된 논의를 해야 하지 않을까 싶어요.

한편, 교육에서 무엇이 중요하고 꼭 해야 하는가를 밝히는 것도 중요하지만, 사회가 급속도로 변화하고 있기 때문에 우리의 교육 실천 중 무엇이 바뀌어야 하는가에 대한 논의도 본격적으로 시작해야 한다고 생각합니다. 이를테면 앞서 얘기한 것처럼 교육에서 과학기술technology과의 관계를 어떻게 할 것인가와 같은 문제입니다. 코로나19 이래 교육에서의 의사소통 방식이 대부분 디지털화되면서 이제는 '교육'이 아니라 '학습'이라는 슬로건이 회자되고 있습니다. 교사의 임무는 더 이상 가르치는 일이 아니라. 학생의 학습을 '관리'해야 한다는 것인데요, 사실, 기술이 우리가 상상하는 것 이상으로 발전하고 있고 산업 구조의 측면에서 이러한 발전에 대한 사회나 시장의 지원도 더욱 강화되고 있기 때문에 앞으로 학생들이 '학습'을 할 수 있는 여건은 점점 더 좋아질 것이라고 생각합니다.

그러나 저는 여전히 '학습권'과 '교육권'은 개념적으로 구분되어야 한다고 생각합니다. 국가는 물론 이 두 가지 권리를 모두 어느 정도 보장해야 하지만 말입니다. 학습권이 개인의 행복과 번영을 지원하는 다소 광범위하고 포괄적인 권리라면 교육권은 그 이상의, 혹은 이와는 다른 차원의 더 구체적이고 핵심적인 의미를 지니는 권리라고 봅니다. 그리고 학교는 학생의

코로나 이후의 교육을 말하다

"저는 여전히 '학습권'과 '교육권'은 구분되어야 한다고 생각합니다"

학습권보다는 교육권을 책임져야 하는 기관이라고 생각합니다. '교육'은 아이들이 인간적인 삶과 가치를 추구하면서 자신의 삶을 스스로 잘 살아 낼 수 있도록 돕는 공적 과업입니다. 이 과업에서 필수적인 것은 인간적 자질의 '공적 측면'을 길러 주는 것이고, 이 측면의 자질은 '교육적 관계' 속에서만 길러질 수 있는 것입니다. 그러므로 학교는 '교육권'이라는 이름으로 아이들의 성장에서 이 부분을 채워 주어야 하고, 이것은 또한 교육자들의 핵심적 관심 중의 하나가 되어야 합니다.

기술 환경과 관련해서도 말씀드리면 오늘날 우리 사회는 이른바 '포스트-디지털 사회'에 진입하고 있습니다. '포스트-디지털 사회'는 크게 두 가지를 특징으로 합니다. 먼저, 포스터-디지털 사회는 디지털 매체의 일상화가 우리의 사회적, 육체적, 교육적, 문화적 삶의 조건의 일부분이 된 사회를 의미합니다. 디지털 사회에서 디지털 매체는 단순히 특정 목적을 성취하기 위한 수단, 즉 효율성이 높은 도구로 간주되기 일쑤입니다. 그러나 포스트-디지털 사회에서 디지털 매체는 우리들의 경험 자체를 구성합니다. 즉 이것을 통해 듣고, 말하고, 생각하고, 소통함으로써 디지털 매체 자체가 우리의 일상적 삶의 존재 방식과 조건을 구성하고 있다는 뜻입니다.

그러면 이러한 디지털 매체의 일상화는 우리의 교육적 실천과 어떻게 접목되어야 할까요? 이 질문의 수면화가 바로 포스트-디지털 사회의 또 다른 특징이기도 합니다. 우리는 이제 이 피할 수 없는 질문을 대면하여 우리 삶에서 디지털 매체가 우리 삶에 영향을 미치는 방식에 대해 의식적으로 성찰하고 반성하게 되는 사회로 진입하고 있습니다. 그리고 저는 포스터-디지털 사회에서 교육을 통해 우리가 아이들에게 길러 주어야 할 '리터러시'는 문자 매체와 디지털 매체를 넘나들 수 있는 '이중의 리터러시'라고 말하고 싶습니다. 디지털 매체가 미래 세대들의 삶에 일상화되었다고 해서 문자 매체나 책 문화가 금방 사라지거나 그것의 중요성이 과소평가 되어서는 안 될 것입니다. 흔히들 4차 산업혁명 시대에는 근대 교육에서 지배적이었던 문자 매체, 책 문화에 전형적인 '선형적 사고'는 더 이상 필요하지 않고, 디지털 매체에 지배적인 '확산적 사고'가 필요하다고 강조하곤 하는데, 저는 포스트-디지털 사회에서는 이 둘 다를 할 수 있고 또 이 둘을 넘나드는 사고를 할 수 있는 사람이 필요하다고 생각합니다.

우리나라의 경우 근대화의 역사뿐만 아니라 근대 교육의 역사는 무척 짧습니다. 서구 사회는 지난 2백여 년에 걸쳐 근대화 과정을 겪어오면서 근대적 사고와 이에 대한 비판을 문자 매체에 기초한 고도의 인간 의식과 사고의 발전을 통해 성취해 왔습니다. 우리가 찬사해 마지 않는 인공지능AI의 원리란 포스트-모더니즘과 더불어 오늘날 우리가 극도로 비판하는 경향이 있는 근대적 사고의 대명사인 데카르트적 사고에 그 기원이 있습니다. 그러므로 우리가 디지털 매체가 가능하게 한 것에 매료되어 근대 문자 문명과 매체가 가능하게 한 것을 잊고 그것을 교육에서 심각하게 다루지 않는다면, 자본과 기계에 전적으로 지배되는 미래 세대를 낳을 위험이 높습니다. 그러므로 장차 교육에서는 근대 교육의 유산에 대한 균형 잡힌 성찰이 필요합니다. 그리고 이러한 성찰에 기반하여 디지털 언어와 아날로그 언어를 넘나드는 학교의 매체 환경으로의 재편을 도모할 필요가 있습니다.

김 용　디지털 경제로 이행하면서 노동 또한 많이 변하고 있습니다. 극소수의 플랫폼 기업 경영자가 있는 반면, 최근에 가장 크게 증가한 배달기사와 같은 플랫폼 노동 종사자도 있습니다. 디지털 경제가 고삐가 풀린 채로 진행된다면 앞으로도 계속 이런 경향이 심화될텐데, 자칫 이런 추세와 미래교육 담론이 잘못 맞물리면, 대부분의 사람에게는 기초 교육만 시켜 플랫폼 노동에 종사하도록 하고, 극소수의 기업 경영자에게만 고급 교육을 받도록 할 위험도 있어 보여서, 공공 측면에서 이것을 어떻게 막아낼 것인가 하는 과제가 있습니다.

미래교육에 대한 이야기를 들어보면 기술과의 결합은 필수적인 과제처럼 보입니다. 그런데 제 생각에는 미래 교실이 하나의 모습일 것 같지 않습니다. 물론 어떤 교실은 기술이 잘 결합된 환경일 수도 있겠지만, 여전히 칠판과 분필만 있는 교실도 미래 교실의 하나를 구성할 것 같습니다. 이 교실에서는 어떠한 기술의 도움 없이 오로지 교사와 학생이 묻고 답하면서 사고를 계발해 가는 그런 하나의 모델도 있지 않을까 싶고, 한쪽으로만 끌고 가는 것이 과연 적절할지 우리가 균형을 잡는 것이 필요하다는 생각이 듭니다.

교육심리를 전공하신 김민성 선생님께 여쭙니다. 디지털화하면서 아이들이 예전보다 훨씬 일찍 영상 매체를 접하고, 훨씬 장시간 노출되는데, 이것이 아이들의 심리적인 발달에 어떤 영향을 미치지 않을까요. 기성 세대는 성장과정에서 야외에서

코로나 이후의 교육을 말하다

"여전히 칠판과 분필만 있는 교실도 미래 교실의 하나를 구성할 것 같습니다"

함께 놀던 경험이 많습니다. 지금은 잘 사는 집 아이들은 부모의 관리 때문에 놀지 못하고, 노는 것조차 프로그램 안에서 놀게 되고, 어려운 집 아이들은 놀 수 있는 여유조차 없고, 또 상당히 많은 아이들이 고립된 상태에서 휴대전화만 들여다보고 있는데, 이것이 앞으로 아이들의 성장 발달 관점에서 중요한 과제를 제기하고 있지 않을까요.

김민성   제가 몇 년 전에 초등학교 6학년 학생들에게 "행복하지 않다"고 느끼는 때가 언제인지를 적어 달라고 부탁한 적이 있습니다. 그때 가장 많이 나왔던 의견이 학원을 가야 해서 친구들과 놀지 못하는 때라는 의견이었어요. 아이들은 놀이에 목말라 있습니다. 충분히 놀지 못하기 때문이기도 하지만 놀이가 아이들의 본능과도 같기 때문입니다.

제 아이들이 어렸을 때 친구들과 노는 것을 지켜보았더니 아이들은 놀이를 하면서 놀이의 방식을 끊임없이 바꾸어 가더라구요. 그 속에서 자신들이 규칙을 만들어 갑니다. 자신들이 만든 규칙을 지키는 것을 놀이 속에서 배워 갑니다. 합의해서 만든 규칙을 따르고, 규칙을 어겼을 때 벌칙을 받는 것을 알게 모르게 놀이 속에서 익힙니다. 놀이는 현실은 아니지만 아이들에게는 현실보다 더 긴박하게, 방향을 예측할 수 없게 흘러갑니다. 그 긴박한 순간 속에서 아이들은 자신만의 문제해결 방식을 실험하고 그 결과를 직면하게 됩니다. 물론 현실이 아니기 때문에 그 결과가 냉혹하지는 않습니다. 그래서 도전이 두렵지 않고, 결과를 받아들이는 것도 배우게 됩니다.

놀이는 이렇게 아이들이 규칙부터 과정까지 협의해서 구성해나가는데 반해, 인터넷 게임은 내가 규칙을 만드는 것이 아니라 정해진 규칙에 들어가는 경우가 많습니다. 아이들이 함께 구성하고 조직하는 과정이 빠지게 됩니다. 영상 게임이나 디지털 문화가 아이들의 자발성과 협력하는 태도를 얼마나 요구하는지, 그리고 스스로 계획하고 실험하게 이끄는지는 의문입니다.

지금 아이들이 사회성이 부족하다는 이야기가 나오는 것은 어떤 면에서는 그런 실험을 해 보지 못했기 때문입니다. 아이들의 놀이를 지켜보면 창의성 연구의 대가인 칙센트미하이가 말

코로나 이후의 교육을 말하다

한 '몰입' 경험의 조건이 놀이 안에 다 들어 있어요. 그냥 노는 것이 아니거든요. 자신이 했던 결정, 행위 하나하나에 대한 피드백을 바로바로 받을 수 있어요. 아이들이 매일의 삶 속에서 누렸을 그런 실험들이 점차 사라지는 것이 걱정됩니다.

김 용 대학교육이야말로 격변의 와중에 코로나19를 맞이했다고 할 수 있습니다. 근래 대학 입학 자원이 줄면서 한계대학 논의가 본격화하고 있고, 그 전부터 대학은 산업계 또는 자본의 요구에 따라 변화해 오고 있었습니다. 다른 한편으로는 대학 변화에 대한 담론이 강하게 제기되었고, 대학들이 거기에 맞게 순응해 가기도 했습니다.

1995년 무렵부터는 학령인구의 50% 이상이 대학에 진학하면서 보편 고등교육 시대에 진입합니다. 벌써 25년이 넘게 지났는데요, 그럼에도 불구하고 대학이 운영되는 모습을 보면 여전히 초기의 엘리트 중심의 모습이 남아 있습니다. 대중교육으로서의 성격을 지닌 고등교육과 엘리트 고등교육 사이의 긴장과 모순이 있던 가운데 대학에도 코로나19가 침입했고요, 이것은 이후 새로운 삶의 모델에 부합하는 대학의 새로운 역할을 재구성하는 과제를 부여하고 있습니다. 앞서 김민성 선생님께서도 대학이 코로나19로 교육에 더욱 주목하게 되었다는 말씀도 하셨고, 이승은 선생님께서는 제3장에서 대학교육과 관련한 글을 써 주셨는데요, 대학의 역할, 대학교육의 의미나 변화와 관련한 말씀 부탁드립니다.

이승은　대학교육이 위기라는 언급은 이미 2000년대 초중반부터 나오기 시작해서, 2010년을 넘어가면서는 본격적으로 논의가 이루어졌습니다. 그런데 위기라는 말 속에서 언급되는 대안은 굉장히 거시적이더라고요. 대학의 공공성을 회복해야 한다, 자율성이 필요하다, 규제를 완화해야 한다, 양극화를 고쳐야 한다 등등 좋은 말이 많았지만 공허하다는 생각이 들었습니다. 뭉뚱그려 위기라고 지칭하고 있지만, 대학은 역사적인 존재이고 절대 하나의 실체가 아닙니다. 과거의 대학과 지금의 대학이 다르고, 대학의 역할도 과거와 현재가 다르고, 지금 시점에서도 지방 사립대와 유수 명문대와의 격차는 아주 큽니다. 우리는 그것을 나누어 생각하지 않고 그냥 대학이라고 포괄해서 대학의 위기야, 라고 말했던 것 같은데, 결과적으로 지금까지도 미시적인 해결 방안은 찾지 못한 채, 거시적인 정답만 반복하고 있는 게 아닌가 하는 생각이 들었습니다. 대안을 말하기 전에 분명한 현실인식이 필요하고, 각 대학이, 대학의 구성원 각자가 처해 있는 위치가 다르고 가지고 있는 자원이 다르기

코로나 이후의 교육을 말하다

때문에 그것을 먼저 나누어 이야기해야 하지 않나, 그것이 선행되어야 그다음에 어떻게 할 것인가도 나올 수 있지 않을까 하는 생각이 들었습니다. 제3장에서도 이야기했지만, 대학교육 또한 하나로 묶어서 이야기할 수 있는 것이 아닙니다.

김 용 저는 이번에 코로나19를 겪고 나서 생애 과정에서 배움의 시기가 변할 것 같다는 생각이 듭니다. 그동안엔 만 6세에 학교교육을 시작해서 대학 졸업할 때까지 학교에 있다가, 졸업하고 나면 일을 시작하고 그리고 65세까지 일을 하고 은퇴하고 여생을 즐기는 이런 삶의 사이클이 앞으로 유지되기 어렵고 크게 변할 것 같습니다.

아동, 청소년기에는 역시 학교를 다니겠지만 그 후에는 조금 유연하게, 전직도 무척 일상화될 것 같고, 대학에 와서 1년 공부를 하고 다시 일을 한다든가 하는 쪽으로 변할 것 같고, 또 그렇게 되어야 할 것 같습니다. 그런 점에서 그동안 대학은 굉장히 강고하게 20대 초반의 청년들을 4년 교육시키는 기관이었는데, 그 관성에서 어떻게 빨리 벗어나고 적응할 것이냐, 그 과정에서 역시 대학교육에도 기술이 결합되면 그 과정이 다양해질 것 같습니다. 새로운 과정을 어떻게 창조할 것이냐는 과제가 우리에게 남은 것 같습니다.

김민성 대학교육의 혁신과 관련한 여러 사례를 보다가 느낀 점이 있습니다. 이미 2016년에 교육부에서 유연학기제를 도입한다든지 다양한 유형의 대학이 생겨야 한다는 언급이 있었습니다. 입학 자원이 줄어들기 때문에 한 대학 안에서 성인 학습자들이 자연스럽게 들어왔다 나갔다 할 수 있는 대학도 있어야 할 것이고, 관련된 논의가 활발하게 이루어지고 있었습니다.

그런데 우려와 걱정이 드는 점이 있습니다. 요즘 대학에서 학습자의 자율성을 강화하면서 학습자가 자신의 진로에 맞게 비교과 과정을 구성하면 학점을 인정해 준다든가, 자신이 설계한 프로젝트를 수행하는 등의 자율학기제를 운영하고 있습니다. 세부적으로 본인이 한 학기 정도를 꾸려서 자신의 경험, 비교과 활동, K-MOOC 등으로 한 학기의 학점을 이수할 수 있도록 하는 과정이 신설되고 있습니다.

아직 초기이지만 상황을 들여다보면 아주 소수의 학생들만이 그러한 기회를 활용하고 있습니다. 처음 외국에서 방송통신수업이 가능해졌을 때, 이제는 누구나 다 학습할 기회가 열렸다고 했지만 막상 뚜껑을 열어 보니 아주 소수의 사람들만 그런 기회를 누렸었던 적도 있죠.

곽덕주 그건 왜 그런 건가요?

코로나 이후의 교육을 말하다

"자발적 학습을 강조하면 할수록
빈익빈 부익부 현상은 더 강화될 것입니다"

김민성   기회의 문호는 열렸지만, 지적 흥미나 학습 동기가 있는 학생들만 자발적으로 참여한 거죠. 자발적 학습을 강조하면 할수록 빈익빈 부익부 현상은 더 강화될 것입니다.

지금 도입된 유연학기나 자율학기, 대학의 유연한 변화는 아주 소수의 학생만이 혜택을 누릴 수 있고 도전해 볼 수 있을 가능성이 높습니다. 그래서 저는 자발적 학습과 경험을 교육과정의 하나로 인정하려는 현상을 위해서라도 오히려 교수자의 역할이 중요해진다고 생각합니다. 저는 자신의 삶에 대한 도전, 탐구하려는 자세도 교수자가 가지고 있는 교과, 사람에 대한 열정이나 해석을 매개로 해서 이루어진다고 보는데요, 학생들이 새로운 시스템에 도전할 수 있게 만들려면 교사가 매개가 되어 세계에 대한 탐구와 도전적 태도를 유발해 주어야 하는 경우가 많을 것이라고 생각합니다.

바람직한 대학 변화에서조차도 교사의 역할은 매우 중요하고,

그런 토대가 없다면 학생들이 과연 자발적으로 자신의 관심을 조직한다는 것이 쉬운 일일까 하는 의문이 듭니다.

또한 학습자마다 자신에게 익숙한 학습유형이 있습니다. 그런데 교육자의 입장에서 보면 과연 그것만 강화시키는 것이 바람직한 것인가하는 의문이 있습니다. 학습자가 자주 활용하지 않는 다른 학습유형도 경험해보도록 해 주는 게 교육이라고 봅니다. 교육은 삶에서 상대적인 관점보다는 어떠한 경험이 더 가치롭고, 성장에 필요한가를 고민해 보는 유일한 영역이라고 생각합니다. 그래서 학생들의 자발적 학습이 강조될수록 걱정되는 것은 개인의 취향에 따르다 보면 학생들의 경험이 좁아질 수 있다는 것입니다. 교육이 의도적으로 '이쪽도 같이 봐야 해'라고 열어 주는 역할을 계속 수행해야 하지 않을까 생각합니다. 대학에서 비교과의 경험과 학습을 인정해주는 흐름이 이어질수록 교수자의 역할, 대학교육의 역할에 대해 더 고민해 보아야 한다고 생각합니다.

교육의 의미를 좀 더 확장해서 논의할 필요가 있습니다

곽덕주   우리가 여기서 '교육'이라는 말의 의미를 어떻게 이해해야 할
        까요. 교육의 의미를 '지식 전달'의 의미로 교사는 가르치고
        학생은 배운다는 식으로 이해하면, 오해가 생길 수 있습니다.
        교육의 개념을 교육학자들 사이에서도 좀 더 확장적으로 논의
        할 필요가 있습니다.

        우리나라의 입시위주의 중등교육까지는 당연히 그런 면이 있
        지만, 대학의 교양교육에서도 여전히 '교육'이 부실하다고 생
        각되는 지점이 있습니다. 지식 전달 위주의 교육이 이루어지고
        있다는 점에서 그렇습니다. 갓 대학생이 된 학생들은 '중고등
        학교에서도 그렇게 배웠는데, 대학에서도 또 이렇게 배워?'라
        고 생각하곤 합니다.

        서울대에서 수업을 해보면, 요즈음 학생들은 그렇게 훈련되어
        서인지 (지식의 양의 측면에서는) 기성 세대보다 훨씬 아는 것이
        많습니다. 그러나 스스로도 그것의 가치를 높이 치는 것 같지는
        않아요. 저는 학생들에게 쉽지 않은 교육 고전이나 교육 철학
        텍스트를 직접 읽히고, 긴 글을 쓰게 하고, 토론을 시키며 이들
        에게 도전적인 방식으로 조금은 어렵게 가르치려고 하는 편입
        니다. 학생들은 이제까지 배워 오지 않은 방식의 공부라 힘들
        어 하기는 하지만, 그러면서도 그런 방식의 공부가 있다는 사
        실에 놀라워하며 정말 배운 것 같다는 이야기를 하곤 합니다.

코로나19를 겪으며 대학도 우리가 지금까지 해오던 '교육'의 방식을 고민하게 됐는데, 이 고민이 포스트-코로나 시대 대학 교육 문화의 재편으로 이어져야 한다고 생각합니다.

김민성 수업 평가 결과를 보면 가장 낮은 항목이 지적 호기심과 관련된 것이었습니다. 학생들이 긍정적으로 평가한 대부분의 수업도 지적 호기심을 일으켰다고 하기에는 부족했습니다. 저는 여기에서 지적 호기심을 불러일으키는 것이 교육의 역할이라고 생각합니다.

곽덕주 그렇다면 교수들이 학생들의 지적 호기심을 자극하지 못했던 걸까요?

김민성 학생들이 많은 것을 배우고 좋았다고 얘기하는 수업에서도 해당 교과가 열어주는 세상을 궁금해 하고 스스로 탐색하고자 하는 데에까지는 나아가지 못하는 경우가 많습니다. 저는 그 부분이 교육의 역할이라는 생각이 듭니다. 교과와 연결된 세상에 대한 궁금증, 호기심을 열어 준다면 학생들은 잘 나아갈 것이라고 봅니다.

곽덕주   그렇습니다. 그것을 열어 주면 아이들은 정말 굉장하게 반응합니다. 학생들이 점수만 따지고 그럴 것 같지만, 실제로 도전적인 수업을 하면 적극적으로 그것을 받아들이려고도 합니다.

김 용   백신 접종을 비롯해서 코로나19가 종식될 기미가 보이면서 사회 곳곳에서 피해 회복 논의가 시작되고 있습니다. 교육부에서도 〈교육 회복 종합대책〉을 발표하겠다고 했고요, 교육 피해 회복이 사회적인 이슈가 되고 있습니다. 저는 글에서 교육 기본권이라는 관점에서 이 문제를 논의하면 좋겠다고 생각했습니다. 김민성 선생님께서 쓰신 1장을 보면 비대면 수업에서의 격차가 학생 개개인의 자기 주도력 부족이 아니라 관계와 지원의 격차에서 비롯했다고 말씀하셨습니다. 교육 공공재로서의 관계와 상호작용이라는 멋진 개념도 제안해 주셨습니다. 교육 피해 회복이라는 관점에서 다양한 논의를 할 수 있을 것 같은데, 관계와 상호작용을 공적으로 어떻게 재구축할 것인가라는 과제가 있고요, 또 이승은 선생님의 제3장을 보면 코로나19를 겪으면서 대학에서 학생회가 해체되었잖아요. 대학 사회에서 학생들끼리의 관계는 교수의 강의를 듣는 것 이상으로 상당히 중요한 의미가 있는데요, 학생회는 다시 만들어질 수 있을지 궁금증이 생깁니다.

"학교가 지금까지 수행했던 역할에
교사들이 자부심을 가져야 합니다"

먼저 김민성 선생님께 이 문제와 관련한 의견을 여쭈고 싶습니다.

김민성   앞서 곽덕주 선생님께서 코로나19로 학교에 가지 않으면서 학교의 역할이 무엇인지가 드러났다고 하셨는데요, 저도 학교가 지금까지 수행했던 역할에 대해 교사들이 자부심을 가져야 한다고 생각합니다. 코로나19 이전에도, 그리고 팬데믹 와중에도 중요한 역할을 했다는 것에 대해서요.

그동안 학교와 교사는 질타의 대상이었는데, 실은 엄청난 역할을 해 왔음이 드러났고요, 며칠 전 교육부장관이 학생들이 정상적인 등교를 못하게 된 팬데믹 시기 동안 학력저하가 일어났다고 공식적으로 발표를 했습니다. 그 말은 학교가 열렸다면 그만큼의 학력저하는 일어나지 않았을 것이라는 거죠.

예전에는 사회에서 '학교가 공부 잘하는 학생만 좋아한다',

'공부 잘하는 학생들만 밀어준다'는 시각이 있었습니다. 대학 입시와 연결하여 그런 문제가 존재했을 거라 생각합니다. 그러나 팬데믹 기간에 일어난 학력저하는 그동안 학교가 기초학력이 부족할 수 있을 학생들의 학력을 채워 주는 역할을 해 왔음을 말해 주고 있습니다. 이 점에서 교사들이 자부심을 가지도록 학교에 대한 칭찬도 해야 하지 않을까 싶습니다. 이것을 먼저 이야기하고 싶고요.

학교교육에서 '관계'가 작동하는 층위가 아주 다양하다 보니, 관계와 상호작용을 공적으로 어떻게 구축하느냐는 정말 어려운 문제입니다. 관계는 진화하는 인간의 생존 문제와도 깊게 연결되어 있었습니다. 인간은 다른 동물과는 다르게 상당히 오랜 기간 동안 타인의 돌봄이 필요한 존재이기 때문에, 본능 속에 타인과 연결되어 있어야 한다는 것이 각인되어 있는 존재입니다. 재미있는 표현 중에 하나가 '실연당하면 마음이 찢어진다'고 하잖아요. 실제로 뇌에서 신체의 고통을 느꼈을 때 반응하는 부위와 실연당했을 때 느끼는 부위가 유사하다고 합니다. 그만큼 타인과 연결되는 문제는 인간의 생존과 직결된 것이기 때문에 인간이 관계의 문제에 심각하게 반응하도록 진화되어 왔다는 것을 의미합니다.

저는 이러한 인간 존재의 특성을 우리 모두가 인식했으면 좋겠습니다. 교사도요. 이것은 단순히 가르침이나 돌봄의 문제가 아니고, 기본적으로 인간이 생존하고 배우기 위해서는 아주 기본적으로 타인과 연결되어 있어야 한다는 것입니다. 관계는 학교에서든 가정에서든 우리 기본적으로 챙겨야 할 문제라는 인식이 필요합니다.

그다음으로 '관계'와 관련하여 아이들이 필요로 하는 것이 서로 다르다는 것입니다. 자신에 대한 개별적인 관심보다는 교사가 수업을 충실하게 이끌어 가는 것만으로도 충분한 아이가 있습니다. 이런 아이들은 가정에서 충분한 지지와 인정을 받는 아이들일 가능성이 높죠. 어떤 경우에는 가정이나 또래와의 관계에서 누적된 문제로 인해 교사들이 오랜 기간 공을 들여야 하는 아이들도 있습니다. 최근 면담한 교사의 이야기가, "1년에 꼭 1~2명의 아이들과는 1년 동안 씨름을 해야 합니다. 변하지 않을 것 같았던 그 아이들이 7~8개월 정도 관심을 주고 만남을 이어가다 보면 마음을 여는 순간이 옵니다. 그런데 코로나19로 이러한 씨름을 할 수가 없었습니다. 그 1~2명의 아이들이 어딘가에서 아주 심각한 상태로 있을 겁니다." 하는 걱정을 하였습니다.

아이들과의 관계 문제는 아이들마다 층위가 달라서 교사에게도 무척 버거운 문제입니다. 그래서 교사는 쉽게 '수업'이라는

관계를 중시하는 교사가
교과, 수업 전문성도 가장 뛰어납니다

영역으로 도피합니다. "수업만 잘하면 되지"라며 스스로 위안을 해 버리죠. 교육에서 '관계'의 중요성을 인식하고 그것을 다루려면 아이들의 상태나 행동, 감정에 귀를 기울이고 민감하고 세밀하게 관찰해야 하는 고난도의 에너지가 요구됩니다. 그러면서도 한 아이 한 아이를 판단하기보다는 수용하고 그 아이가 가진 "최고의 모습"을 찾고 그려 주려고 애써야 합니다. 그만큼 전문성을 요하는 문제입니다.

네덜란드에서 수행했던 한 연구에서 교사의 정체성에서 '관계'의 영역을 중시한 교사가 교과내용, 수업방법에서의 전문성도 가장 뛰어났다고 합니다. 아이들 하나하나의 필요와 요구에 귀 기울이고 아이의 성장을 지향하기 때문이지요. 이러한 전문성을 갖추려면 교육이나 수업이 교사-학생, 학생-학생과의 관계의 토대 위에서 일어나는 것이라는 분명한 문제의식을 가져야 한다고 생각합니다.

김　용　돌봄으로서의 교육이라고 할까요, 교육의 핵심 안에 돌봄이 있어야 한다는 이런 생각은 분명히 필요합니다.

김민성　철저하게 학생과의 관계에서 교육이 일어난다는 점을 인식해야만 합니다. 그리고 그 관계의 문제는 항상 실패할 수 있다는 것도 받아들여야 하구요.

곽덕주　김민성 선생님께서 중요한 이야기를 해 주셨습니다. 교육적 맥락에서 관계라는 것이 어떻게 형성되는가를 잘 보아야 합니다. 지금 우리가 겪고 있는 교육적 어려움은 같은 공간에 있지 않기 때문에 접촉을 할 수 없고, 눈을 마주치고 바라보는 즉흥적 상호작용을 할 수 없기 때문에 오는 것입니다. 유아들이 말을 배울 때, 어른들의 소리만 듣는 것이 아니라 이들의 입모양도 같이 보면서 배우는데, 모두가 마스크를 쓰고 있어서 언어 발달이 지체되고 있다는 연구 결과는 우리가 당연하게 받아들이고 있는 일상적 삶의 조건이 아무것도 아닌 것이 아니라 우리가 아는 우리 자신이 되게 하는 바로 그 조건이었음을 알게 합니다.

이런 각도에서 보면 교육적 실천이란 굉장히 섬세하고 또 미묘한 힘의 역동적 움직임으로 구성됩니다. 저는 교육적 실천을

　　　　　　　　코로나 이후의 교육을 말하다

구성하는 이러한 사소하지만 결정적인 인간적, 비인간적 요소들 간의 내적 연결 관계들에 많은 관심을 가지고 있습니다. 아까 놀이 이야기에서도 나왔지만, 몸, 접촉, 사물, 연결, 같은 공간 등, 이런 것을 교육에서 다시 이야기해야 하지 않을까 싶어요. 이러한 것들을 횡단하며 서서히 출현하는 교육적 분위기라는 것은 굳이 관계란 말을 하지 않고도, 그리고 그 요소들 사이에 가만히 있기만 해도 만들어지는 것이거든요. 교육의 장에서 이런 부분, 즉 보이지 않는 힘, 그러나 분명히 이미 작동하고 있는 힘에 대한 교육적 고민이 많이 필요하지 않을까 생각합니다.

김 용   제가 가르치고 있는 한국교원대학교는 올해에도 계속 대면 수업을 했습니다. 그런데 대면 수업을 마스크를 쓰고 합니다. 그러니까 얼굴을 보고는 있는데 다 못 본 채로 하다 보니, 예전에 만났던 학생들과 비교해 보면 확실히 얼굴 전체가 인상이 남지 않아요. 지금 한 학기가 다 지나가는데도 적응이 잘 안 됩니다.

이승은   대학에서의 관계는 교수와 학생과의 관계, 학생과 학생들, 선후배와의 관계 등 여러 가지가 있는데, 제 경험을 되돌아보면 교육의 측면에서도 교수와 학생 사이의 관계는 오히려 덜 중요했던 것 같습니다. 연구를 더 중요시하고 상대적으로 교육에는 관심이 덜한 교수님도 계셨고, 학생 가운데서도 대학에 진학했으면 내 공부는 스스로 하는 것이지 선생님의 말씀을 듣는 것이 중요한 것은 아니다 하는 태도도 있었습니다. 그래서 교수와 학생 사이의 관계보다는 학생과 학생 사이의 관계가 훨씬 더 큰 역할을 했던 것 같습니다.

이것이 중등교육과 달랐던 점인데, 고등학생 때까지는 대체로 동질적인 집단으로 한동네에 사는 친구들이 같은 학교에 진학하거나, 혹은 학력 수준이 비슷하거나 하는데요, 이에 비해 대학은 만날 수 있는 관계의 풀이라든가 다양성 측면에서 20년 가까이 살면서 단 한 번도 마주칠 일이 없었던 사람을 만날 수 있는 가능성을 가진 공간이라는 생각이 드는데, 코로나19로 만나지 못하면서 사라져 버렸습니다. 여전히 고등학교 때와 똑같은 환경 속에서 공부하고 있고, 특히 21학번 학생들은 고등학교 때에 받던 온라인 수업을, 대학교에 와서도 그대로 하다 보니 고등학교 4학년 같은 느낌으로 학교를 다니고 있는 것처럼 보입니다.

아직은 이게 어떤 영향을 미칠지 모르겠습니다. 코로나19를 극복한다면 학생회가 다시 만들어질 수 있을까 하는 질문을

"학생회가 다시 만들어진다고 하더라도
이전과는 많이 다를 것입니다"

던져 주셨는데, 만들어진다고 하더라도 이전과는 많이 다를 것입니다. 학생사회의 행정조직처럼 남을 수도 있고, 예전의 선후배 사이의 끈끈한 유대가 복원되지는 않을 것 같습니다. 벌써 지방대학에서는 학생회가 조교처럼 일하고 있습니다. 학교에서 장학금을 받고, 학교에서 마련한 MT를 가는 식입니다. 그래서 점점 기성 세대가 학교를 다닐 때와는 다른 느낌으로 학생사회가 운영된다는 생각이 듭니다.

김 용 코로나19는 지금까지 교육에 대한 성찰의 계기였고, 앞으로의 교육을 상상할 수 있는 기회를 제공하고 있습니다. 코로나 19 이후에 경제, 사회 여러 가지 면에서 미래를 그려 나가고 있는데, 미래라는 것은 다가오는 것이기도 하지만, 우리가 의지를 가지고 만들어 가는 면도 있습니다. 저는 제4장에서 더 넓은 공동체와 더 깊은 민주주의라는 과제를 중심으로 미래교육의 과제를 제안하였습니다. 선생님들께 마지막 질문을 드린다면 코로나19 이후 미래를 더 아름답게 설계하려고 할 때, 교육은 어떤 모습이어야 할까요?

곽덕주 근대 교육의 이념은 이제 그 역할을 다했고, 미래 학교를 위한 새로운 공교육의 이념이 등장해야 한다고 생각합니다. 기술 발전에 의해 앞으로 미래 사회는 더욱더 자본이 지배하는 사회로 나아갈 가능성이 높습니다. 만약 그렇게 된다면, 학교는 어쩌면 우리 사회에서 미래 세대를 위한 유일무이한 공적 장소로서 다음과 같은 역할을 담당하도록 할 수 있을지 모릅니다. 즉, 어린 아이들이 어떠한 도구적인 목적에도 봉사하지 않고 순전히 인간답게 살아간다는 것이 무엇인지, 인간적 가치를 가지고 성장한다는 것이 무엇인지에 대해 한 사람의 개인으로서 자신의 고유한 가능성을 자유롭게 그리고 실험적으로 탐색해 보는 곳으로 말입니다. 특히 배경이 다른 다양한 사람들과

**학교는 미래 세대를 위한
유일무이한 공적 장소일지도 모릅니다**

함께 그러한 삶의 양식을 같이 그리고 따로 실험하고 실천하는 것이 허용되는 곳으로 말입니다. 여기서 앞선 세대는 모종의 교육적 책임과 원칙을 가지고 미래 세대를 배려하고 도와주는 관계 속에 있게 되겠지요.

이러한 학교관을 따르면, 사회 계층 이동의 합법적 통로로서의 근대 학교, 평등이라는 정치적 이념을 가지고 만들어진 근대 학교의 모습은 재고의 대상이 될 것입니다. 아이들의 학업성취에서의 격차가 일차적 문제가 되기보다는 아이들의 인간적 성장의 기회에서의 격차가 교육적으로 더 문제가 되겠지요.

물론 미래 사회에서도 학교가 학업 외에도 돌봄, 생활지도, 상담, 안전, 급식 등과 같은 많은 사회적 기능을 떠안도록 요구받을 것입니다. 학교가 이 모든 역할을 교육적으로 껴안아 포용할 수 있는 교육적 관점이 필요할지도 모르겠습니다. 다만 학교라는 기관이 혼자서 이 모든 역할을 떠맡을 수는 없어 보입니다. 그렇다면 학교의 담장을 낮춰서 학교 밖의, 예를 들면 박물관, 도서관, 과학관, 미술관 등과 연계하기도 하고 지역사회 내 다른 인력들과도 협력해야 할 것입니다. 학교는 앞서 말한 것처럼 미래 세대의 인간적 성장을 위한 신성한 장소로서 독보적인 공간이기도 해야 하지만, 그렇다고 사회적으로 고립될 필요는 없습니다. 사회적 기능들을 어떻게 교육적으로 포용할 수 있을 것인가에 대한 고민과 함께 학교 안과 밖을 물리적으로 나누는 고립적 학교관에 대해서도 비판적으로 성찰할 필요가 있습니다.

김민성   코로나19가 발발했을 때, 선생님들이 자발적인 공동체를 만들어 서로 먼저 알게 된 것을 다른 사람들과 공유하는 활동을 활발하게 수행하셨습니다. 대학에서도 마찬가지고요. 이렇게 위기 상황에서 공동체들이 움직이고 서로 배우는 관계 속에서 힘을 얻으면서 타개할 방법을 찾게 되는 것 같습니다.

저는 선생님들께서 팬데믹 상황에서 드러난 학력 및 돌봄의 격차, 학교의 역할 등에 대해 자신이 처한 구체적인 상황과 수업의 맥락 속에서 되짚어 보아야 한다고 생각합니다. 학력격차의 이면에 관계의 격차, 상호작용의 격차가 존재한다는 문제의식을 나누고, 모든 학생이 마땅히 누려야 할 관계와 상호작용의 자원이 무엇이어야 할지 등에 대해 공동체에서 이야기

학력격차 이면에
관계의 격차, 상호작용의 격차가 존재합니다

할 수 있는, 그것을 교육의 중요한 부분으로 떠안는 문제로 고민해 봐야 하지 않을까 생각합니다. 그랬을 때, 아이들 하나하나의 모습이 교육의 장면마다 어떻게 달라질 것인가를 관찰하게 되고 그것을 공동의 교육자원으로 만들 수 있는 공적 토대가 생길 것 같습니다.

특히 매체가 들어오면서 아이들의 모습은 매체에 따라 달라지고 상호작용하는 방식도, 배우는 경로도 다양해졌습니다. 교사가 관찰해야 할 교육의 장면, 배움의 장면이 다각화된 것이지요. 대면, 비대면의 요소가 통합될 앞으로의 수업에서는 아이들 하나하나에 대한 관찰 위에서 배움을 위한 최적의 매체와 수업방식을 고려하게 될 것입니다. 관찰하는 힘은 관계의 토대 위에서 이루어지는 것이며, 이것이 곧 우리 교육의 중요한 문제라는 인식이 확산되고 논의가 깊어졌으면 좋겠습니다. 이런 문제에 대해 고민하고 연구하는 교사공동체가 활성화되었으면 좋겠습니다.

이승은 '어디로 가야겠다'는 절대적 목표는 아니더라도 항상 어제보다 나은 내일이었으면 좋겠다는 생각을 하는데, 사회 전체적으로 그것을 가능하게 해 주는 유일한 제도가 교육입니다.

지금까지의 대학은 여러 가지 역할 가운데 교육을 상대적으로

"어제보다 나은 내일을 가능하게 해 주는
유일한 제도가 교육입니다"

간과해 왔습니다. 코로나19는 좋은 계기가 되었고요, 결과적으로 대학의 구성원이 학생이든 교수든 행정직원이든, 대학에서 무엇을 어떻게 가르칠 것인가 하는 교육의 문제에 더 집중할 수 있었으면 좋겠다는 생각이 듭니다.

대학의 역할을 어떻게 재창조할 것인가에 대해서도 생각해 보면, 전문교육은 우리가 놓칠 수 없을 것이고, 전문교육과 시민교육, 두 가지를 다 전문화해서 가져갈 수 있도록 해야 겠죠. 지금처럼 시민교육을 교양대학 하나 만들고 '알아서 잘 해 봐' 이렇게 하는 것이 아니라, 시민교육의 분야도 전문화시킬 수 있을 것입니다.

중등교육이 학생들에게 비슷한 또래집단 내에서 어떻게 사회적으로 살아갈 것인가를 가르쳐줄 수 있는 공간이었다면, 대학은 범위를 확장해서 나와 다른 사람들과 어떻게 살아갈 수 있을까를 연습하게 하는 공간인데, 대학에서 이것이 충분히

코로나 이후의 교육을 말하다

이루어져야 학생들이 정말 사회로 나갔을 때, 사람들이 평생을 살아가면서 다른 사람들과 별다른 갈등 없이 조화를 이루면서 잘 살아갈 수 있게 되지 않을까, 그것이 우리 사회의 힘이 되지 않을까 생각이 들었습니다.

김 용 코로나19 이전부터 우리에게 부닥쳐 온 교육 문제들, 그리고 코로나19로 깨닫게 된 교육의 본질과 가치, 의미 등에 대해서 생각해 보는 시간을 가졌습니다. 전국 각지에 계신 선생님들께서 좋은 글을 써 주신 덕분에 많이 공부하는 계기가 되었고요, 우리에게 어려움이 있지만 앞으로 더 나은 미래가 올 것이라는, 그리고 그 과정에서 교육의 역할은 여전히 중요하다는 확신과 책임감이 생기는 경험이었습니다. 모든 선생님들께 감사드리고요, 회의는 그리고 이 책은 여기에서 마치도록 하겠습니다.

참고문헌

강석남(2020). 〈재난의 비밀상에서 새로운 일상의 재구성으로: 대학 등록금 반환 운동의 의의와 한계〉.《재난은 평등하지 않다》. 교육공동체 벗.

곽덕주 외(2018),「맥신 그린의 '미적 체험 예술교육 접근'의 인문교육적 가치: 새로운 '인문적' 교수–학습 패러다임을 탐색하며」,『교육철학연구』40권 2호, 한국교육철학학회.

교육부(2018). 〈OECD 교육지표〉.

교육부(2020a). 〈원격수업 출결·평가·기록 가이드라인 안내〉. 보도자료(2020. 04.07.).

교육부(2020b). 〈포스트 코로나 교육 대전환 일차 대화〉. 보도자료(2020. 06.17.).

교육부(2020c). 〈대학 비대면 교육 긴급 지원 사업 기본 계획〉. 보도자료(2020. 07.31.).

교육부(2020d). 〈코로나 이후, 미래교육 전환을 위한 10대 정책과제(안)〉. 보도자료(2020.10.5.).

교육정책디자인연구소(2018).《학교자치》. 테크빌교육.

권순정(2020). 〈코로나19 이후 교육의 과제: 재조명되는 격차와 불평등, 그리고 학교의 역할〉.《서울교육》, 239호.

김경근(2020). 〈변화의 시대를 맞이한 한국 고등교육의 주요 과제 및 대안〉.

《교육사회학연구》, 30권 4호. 한국교육사회학회.

김경애 외(2020). 《코로나 시대, 학교의 재탄생》. 학이시습.

김경일(2020). 〈포스트 코로나 [6] 행복의 척도〉. 최재천 외. 《코로나 사피엔스》. 인플루엔셜.

김민성(2012). 〈교사전문성의 '연계(連繫)'적 특성과 교사교육의 방향〉. 《교육심리연구》, 26(1), 39-61.

김민성(2016). 〈대학교육의 맥락에서 '교육적 관계' 측정도구의 개발과 타당화〉. 《교육심리연구》, 30(1), 27-60.

김안나·이병식(2004). 〈한국고등교육의 보편화에 따른 대학 재구조화의 현황과 정책 방향〉. 《한국교육》, 31권 2호. 한국교육개발원.

김위정(2020). 〈코로나19가 던진 교육격차 문제와 과제〉. 《서울교육》, 241호.

김정인(2011). 〈대학의 일그러진 궤적, 그 얼굴 없는 개혁〉. 《역사와 현실》, 82. 한국역사연구회.

김정인(2018). 《대학과 권력: 한국 대학 100년의 역사》. 휴머니스트.

남미자(2020). 〈코로나19로 촉발된 원격수업에 대한 소고〉. 《경제와사회》, 비판사회학회.

박권일(2010). 〈대학의 사회적 위상과 가치의 변동〉. 《황해문화》, 66. 새얼문화재단.

박미희, 정용주(2020). 《코로나 19와 교육: 학교자치에 주는 시사점》. 경기도교육연구원.

박환보(2008). 〈한국 고등교육의 보편화 현상 분석〉. 서울대학교 석사학위논문.

변기용 외(2021). 〈COVID-19가 고등교육체제에 초래한 변화와 가능성 탐색〉. 《한국교육학연구》, 27권 1호, 안암교육학회.

사토 마나부. 손우정, 김미란 옮김(2003). 《배움으로부터 도주하는 아이들》. 북코리아.

사토 마나부. 손우정 옮김(2006). 《수업이 바뀌면 학교가 바뀐다》. 에듀케어.

신현석(2005). 《한국의 고등교육 개혁 정책》. 학지사.

윤지관(2019). 〈제3주기 대학구조조정 평가방식 개편 제안: '일률적' 평가에서 '구별적' 평가로 전환해야 한다〉. 《대학: 담론과 쟁점》, 2. 한국대학학회.

이영(2012). 〈대학교육 체제의 현상과 문제〉. 《지식의 지평》, 12. 대우학술재단.

이용상, 신동광(2020). 〈코로나19로 인한 언택트 시대의 온라인 교육 실태 연구〉. 《교육과정평가연구》, 23(4), 39-57.

이정연, 박미희, 소미영, 안수현(2020). 〈코로나19와 교육: 학교구성원의 생활과 인식을 중심으로〉. 《이슈페이퍼》, 2020-08. 경기도교육연구원.

임수현, 주정흔, 박현정, 박신기, 김진형(2020). 〈코로나19로 인한 학교 수업 방식의 변화가 교사 수업, 학생 학습, 학부모의 자녀 돌봄에 미친 영향: 초등학교를 중심으로〉. 《서울특별시교육청교육연구정보원 현안연구 보고서》 2020-9.

장하준(2020). 〈포스트 코로나 [2] 경제의 재편〉. 최재천 외. 《코로나 사피엔스》. 인플루엔셜.

전민희, 남궁민, 곽민재(2021). 〈코로나에 대학동아리도 랜선으로… 총학생회 절반 이상 무산〉. 《중앙일보》(2021년 3월 13일).

정범모 (편)(1991). 《교육 난국의 해부: 한국교육의 진단과 전망》. 나남.

조상식(2012). 〈가르치기 어려운 시대의 교육: 대륙 교육철학적 관점에서〉. 《교육철학》 46, 99~121.

조용환(2001). 〈문화와 교육의 갈등-상생 관계〉. 《교육인류학연구》, 4(2), 1-27.

최원영(2020). 〈6월 모의평가, 줄어든 중위권… '원격수업 교육격차' 사실로〉. 《한겨레》(2020년 7월 29일). www.hani.co.kr/arti/society/schooling/955605.html

Alexander, K. L., Entwisle, D. R., & Olson, L. S.(2007). Lasting consequences of the summer learning gap. *American Sociological Review*, 72(2), 167-180.

Arendt, Hannah(1954). *Between Past and Future*. 서유경 역(2005). 《과거와 미래 사이》. 푸른숲.

Bakhtin, M.(1986). In C. Emerson & M. Holquist (Eds.). *Speech genre and other late essay*. Austin: University of Texas Press(V. Liapunov, Trans.).

Benjamin, Walter(1916). 최성만 옮김(2008). 《언어 일반과 인간의 언어에 대하여》. 도서출판 길.

Biesta, G. J. J.(2010). *Good Education in an Age of Measurement: Ethics, Politics, Democracy*. London & New York: Routledge.

Biesta, Gert. J. J.(2016). *The Beautiful Risk of Education*. London & New York: Routledge.

Boekaerts, M.(1993). Being concerned with well-being and with learning. *Educational Psychologist*, 28, 149-167.

Brown, A.(1994). The advancement of learning. *Educational Research*, 23(8), 4-12.

Burr, V.(2003). *Social constructionism*. London and New York: Routledge, Taylor & Francis Group.

Covington, M., & Dray, E.(2002). The development course of achievement motivation: A need-based approach. In Wigfield, A. & Eccles, J. S.(Eds.). *Development of achievement motivation*(pp. 33-56). CA: Academic Press.

Furman, W. & Buhrmester, D.(1985). Children's perceptions of the personal relationship in their social networks. *Development Psychology*, 21(6), 1024-1061.

Green, A.(1990). *Education and state formation: the rise of educational systems in England, France and the USA*. New York: Mattin's Press.

Hopmann, S.(2007). Restrained teaching: The common core of Didaktik. *European Educational Research Journal*, 6(2), 109 – 124.

Lieberman, M.(2013). *Social: Why our brains are wired to connect*. New York: Crown Publishers.

Müller, D., Ringer, F. and Simon, B.(1987). *The rise of the modern education system: structural change and social reproduction 1870-1920*. Cambridge: Cambridge University Press.

Nachmanovitch, S.(1990). *Free play: Improvisation in life and art*. NY: Penguin Putnam Inc. 이상원 옮김. 《놀이, 마르지 않는 창조의 샘》. 에코의서재.

Rancière, Jacques(1987). *Le Maître Ignorant*. 양창렬 역(2008). 《무지한 스승》, 궁리.

Rorty, Rory(1989), *Contingency, Irony and Solidarity*. New York: Cambridge University Press.

Smith, G. G., Ferguson, D., & Caris, M.(2001). Online vs face-to-face. *T.H.E. Journal*, 28(9), 18–21.

Toseland, R.W., & Rivas, R. F.(1995), *An introduction to group work and practice*. Need-ham Heights, MA: Allyn and Bacon.

Trow, M.(1973), *Problems in transition from elite to mass higher education*. Policies for Higher Education. Paris : OECD

Wood, J. V., Taylor, S. E., & Lichtman, R. R.(1985). Social comparison in adjustment to breast cancer. *Journal of personality and social psychology*, 49(5), 1169–1183.

市川昭午(2006). 『敎育の私事化と公敎育の解体』. 김용 (역)(2013). 《교육의 사
    사화와 공교육의 해체》. 교육과학사.

苅谷剛彦(1995). 『大衆敎育社会のゆくえ-学歷主義と平等神話の戰後史』. 東
    京: 中央公論新社.

苅谷剛彦(2001). 『階層化日本と敎育危機-不平等再生産から意欲格差社会へ』.
    東京: 有信堂.

廣田照幸(2009). 『敎育學』. 오성철 역. 《히로타 데루유키의 교육학》. 출간 예정.

이 책을 함께 쓴 사람들 ————————————

김 용
서울대학교 교육학과와 같은 대학 대학원에서 공부하고 청주교육대학교에서 배우고 가르쳤다. 현재는 한국교원대학교 교육정책대학원에서 학생들을 만나고 있다. 학교교육정책과 학교법에 관심을 가지고 연구하고 있다. 〈법화사회의 진전과 학교 생활세계의 변용〉(2017), 〈Outsourcing educational services in South Korea, England and Hong Kong: A discursive institutionalist anlaysis〉(2019), 「アカウンタビリテイのための自律性と自律性の萎縮」(2012) 등의 논문을 발표하였고, 《교육개혁의 논리와 현실》(2012), 《학교자율운영 2.0 — 학교개혁의 전개와 전망》(2019) 등의 책을 펴냈다.

곽덕주
서울대학교 인류학과를 졸업하고, 같은 대학에서 교육학석사, 미국 뉴욕 컬럼비아 대학교 Teachers' College에서 교육철학으로 박사학위를 받았다. 현재는 서울대학교 교육학과에서 학생들을 지도하며, 가르침의 존재론에 기반한 교사교육철학, 인문적 접근의 예술교육철학, 동서양 인문교육전통에 대한 비교 등을 주요 연구 주제로 삼고 있다. *Education for Self-transformation: Essay Form as an Educational Practice*(2011), 《미적체험과 예술교육》(2013, 공저), *The Confucian Concept of Learning: revisited for East Asian Humanistic Pedagogies* (2018, 편저) 등의 책을 썼다.

김민성
서울대학교 교육학과에서 학부와 석사를 마치고, 미국 텍사스 대학교(오스틴 소재)에서 교육심리학으로 박사학위를 받았다. 현재는 조선대학교 교육학과에서 학생들을 가르치며 교사와 학생이 서로 배우고 성장하는 과정에 관심을 가지고 '교육적 관계', '배려', '수업에서의 상호작용' 등의 연구를 수행하고 있다. "Building caring relationships between a teacher and students in a teacher preparation program word-by-word, moment-by-moment"(2011), 〈대학교육의 맥락에서 '교육적 관계' 측정도구의 개발과 타당화〉(2016), 〈플립드러닝형 대학수업에서 사전학습과 수업참여와의 관계—소집단 토의 발화 분석을 중심으로〉(2019) 등의 논문을 발표하였다.

이승은
고려대학교 국어국문학과를 졸업하고 같은 대학 대학원에서 고전문학으로 박사학위를 받았다. 현재 한림대학교 디지털인문예술 겸 국어국문학전공에서 학생들과 함께하고 있다. 디지털 방법론에 기반한 인문학 연구 및 교육에 관심을 가지고 있으며, 주요 연구 주제는 한국 고전 서사를 중심으로 한 이야기문학이다. 〈조선후기 야담에 나타난 송사담의 세 유형과 의미〉(2018), 〈영웅서사의 지속과 변주—디지털 미디어 시대의 영웅서사〉(2020) 등의 논문을 발표하였다.